# Duden

SMS Schnell-Merk-System

# Rechtschreibung und Zeichensetzung

5. bis 10. Klasse



**Dudenverlag**
Mannheim · Leipzig · Wien · Zürich

**DUDEN PAETEC Schulbuchverlag**
Berlin · Frankfurt a. M.

# Inhaltsverzeichnis

# 1 Vokale und Vokalverbindungen

## Kurze Vokale

### Grundsätzlich gilt:

Man unterscheidet zwischen kurzen und langen Vokalen. Diese Unterscheidung hat Konsequenzen für das Schriftbild.

**Nach kurzem, betontem Vokal** folgen zwei Konsonanten als

- **Doppelkonsonant** (ein und derselbe Konsonant wird verdoppelt) oder als — Ba**ll** · ke**nn**en · fe**tt**
- **Kombination verschiedener Konsonanten,** da es im Deutschen kein *kk* und kein *zz* gibt. — Ka**tz**e · Sa**ck** · A**ck**er · Gebä**ck**

*Aufgepasst:* Nach *l, m, n, r,* das merke ja, folgt nie *tz* und nie *ck!* — Balken · Holz

### Schärfung

Zwei Konsonanten, die aufeinanderfolgen, kennzeichnen einen kurzen Vokal. Anders ausgedrückt: Der Vokal erfährt eine Schärfung.

Da**ck**el · So**ck**e · zi**tt**ern · kni**tt**ern · Stu**ck**ateur

**Ins Deutsche übernommene Fremdwörter** können aber mit *kk* oder *zz* geschrieben werden.

Mo**kk**a · A**kk**usativ · Pi**zz**a

## Lange Vokale

1

Es gibt verschiedene Möglichkeiten, die dazu führen, dass ein Vokal lang gesprochen wird.
Vokale, die lang gesprochen werden, haben ein uneinheitlicheres Schriftbild zur Folge.

Sahne · Paar · Sieg · malen · fliehen

### Dehnungs-h

Häufig folgt auf einen langen Vokal der Buchstabe *h*, um die **Dehnung** anzuzeigen.

Bo**h**ne · Ha**h**n · Stu**h**l · ke**h**ren · la**h**m

*Aufgepasst:* Der lange i-Laut wird fast nie mit Dehnungs-h geschrieben.
Ausnahme: *ihm, ihr, ihnen, ihrem, ihren.*

T**i**ger · B**i**ber · **I**gel · Pr**i**mel

Einmal Dehnungszeichen – immer Dehnungszeichen! Oder anders ausgedrückt: In verwandten Wörtern bleibt das Dehnungs-h meistens erhalten.

Za**h**n – Zä**h**ne – Za**h**narzt · fa**h**ren – Fä**h**re – Abfa**h**rt – Gefä**h**rt

### Dehnung mit Doppelvokal

Um die Länge eines Vokals anzuzeigen, wird er manchmal verdoppelt (Doppelvokal). Dies gilt aber nur für die **Vokale *a, e, o*.**

S**aa**l · H**aa**r · P**aa**r · B**ee**t · B**oo**t

*Aufgepasst:* **Umlaute** werden nicht verdoppelt.

Saal – S**ä**le
Haar – H**ä**rchen
Paar – P**ä**rchen

## Dehnung mit Doppelvokal

Alle Wörter aus der Familie eines Wortes, das den langen Vokal durch Verdoppelung erhalten hat, werden mit *aa, ee* oder *oo* geschrieben.

H**aa**rpinsel – h**aa**r-scharf – h**aa**ren · Häuserm**ee**r – M**ee**resrauschen – m**ee**rgrün · B**oo**tssteg – aus-b**oo**ten – Ruder-b**oo**t

## Dehnungs-e nach i

Da das Dehnungs-h in **Wörtern mit** ***i*** selten auftaucht (↑ S. 5), wird das lang gesprochene *i* meistens durch ***ie*** wiedergegeben.

S**ie**g · Sp**ie**gel · L**ie**be · v**ie**l · R**ie**se · sp**ie**len

Man findet das Dehnungs-e auch immer bei **Wörtern, die auf** ***-ier*** **oder** ***-ieren*** enden.

Juwel**ier** · Klav**ier** · buchstab**ieren**

Das Dehnungs-e kommt auch vor bei **Fremdwörtern, die mit einem langen** ***i*** **enden.**

Gen**ie** · Biolog**ie** · Lotter**ie**

**Konjugationsformen von Verben** werden ebenfalls mit ***ie*** geschrieben.

bleiben – ich bl**ie**b

In ganz wenigen Fällen, z. B. bei **geografischen Namen,** gibt es ein Dehnungs-e auch nach den Vokalen *a* und *o*.

Str**ae**len · S**oe**st · Itzeh**oe** · Oldesl**oe**

1

Es gibt einige wenige Wörter mit langem *i*, bei denen das Dehnungs-e mit dem Dehnungs-h kombiniert wird. Dazu gehören auch die konjugierten Formen einiger weniger Verben.

fliehen · Vieh · wiehern · ziehen · du befiehlst

## wieder und wider

Die beiden Wörter *wieder* und *wider* klingen gleich. Besonders oft kommen sie in zusammengesetzten Wörtern vor. Um sie richtig zu schreiben, musst du die Bedeutung der Wörter beachten.

- **Wörter mit der Vorsilbe *wieder*** werden in der Bedeutung von *zurück, erneut* und *noch einmal* verwendet.

wiederkommen · wiedergewinnen · wieder einsetzen

Schreibung:
Wortzusammensetzungen mit *wieder* werden **entweder auseinander- oder zusammengeschrieben.**
**Zusammenschreibung** gilt vor allem in Verbindung mit Verben und Adjektiven, wenn *wieder* in der Bedeutung von *zurück* verstanden wird.

Ich kann dir das Geld erst morgen **wiedergeben.** · Die Kuh gehört zu den **wiederkäuenden** Tieren.

**Getrenntschreibung** ist anzuwenden, wenn *wieder* im Sinne von *nochmals, erneut* verstanden wird.

Ich werde das nie **wieder tun.**

- **Wörter mit der Vorsilbe *wider*** haben die Bedeutung von *gegen*.

**wider**sprechen · **wider**setzen · der **Wider**stand

Schreibung:
Sie werden immer **zusammengeschrieben.**

## Langer Vokal ohne Dehnung

| | |
|---|---|
| Es gibt Wörter im Deutschen, die einen lang gesprochenen Vokal haben, aber ohne Dehnungszeichen geschrieben werden. | Ge**b**urt · R**o**se · l**ü**gen · Bl**ü**ten · H**a**se |
| Auf einen **langen Vokal** folgt ein einzelner Konsonant. | Ba**d** · re**d**en · Mo**d**e · Le**b**en · Na**m**en |
| Lange Vokale stehen häufig am **Anfang einer Silbe,** oder sie lassen sich auf ein Wort zurückführen, bei dem dies so ist. | verm**ag** – verm**ö**gen · ang**e**blich – ang**e**ben |
| Das Präfix ***ur-*** und die Suffixe ***-bar, -sal*** und ***-sam*** werden immer ohne Dehnungszeichen geschrieben. | **ur**alt · wunder**bar** · Schick**sal** · heil**sam** |
| Meist steht kein Dehnungszeichen bei **Wörtern mit *t* im Anlaut.** | **T**ür · **t**un · **T**ugend |
| Auch **Wörter mit *sch* und *qu* im Anlaut** haben meist kein Dehnungszeichen. | **Sch**wan · **sch**wer · **Sch**ule · **qu**er · **Qu**al |
| **Nach Diphthongen** *(ai, ei, au, eu, äu)* steht nie ein Dehnungszeichen, da sie immer lang gesprochen werden. | H**ai** · L**au**b · Sch**eu**ne · Kr**ei**de · M**äu**se |

Die meisten **Endungen von Fremd- oder Lehnwörtern** – wie z. B. *-ine, -il, -in* – haben kein Dehnungszeichen. Präge sie dir gut ein.

| | | |
|---|---|---|
| Mandar**i**ne | Apfels**i**ne | Masch**i**ne |
| Margar**i**ne | Gard**i**ne | Vent**i**l |
| Krokod**i**l | Kan**i**nchen | Benz**i**n |
| Med**i**z**i**n | T**i**ger | B**i**ber |
| B**i**bel | Kl**i**ma | K**i**no |

## Wörter mit -eih

Es gibt einige Wörter, die mit *-eih* geschrieben werden. Der Buchstabe *h* nach dem Diphthong ist aber kein Dehnungs-h, sondern er gehört zur nächsten Silbe (wei-hen).
Am besten, du lernst diese Wörter auswendig.

| | | |
|---|---|---|
| ged**eih**en | Gew**eih** | l**eih**en |
| R**eih**e | R**eih**er | s**eih**en |
| verz**eih**en | w**eih**en | W**eih**er |

## *h* nach Vokalen und Umlauten

Auch in einigen anderen Wörtern ist das *h* trotz Länge des vorangehenden Vokals oder Umlauts kein Dehnungs-h und gehört zur nächsten Silbe.

sehen · fliehen · drohen · ruhen · Krähe · Höhe · blühen

# Gleich und ähnlich klingende Vokale

## e und ä

Grundsätzlich gilt: Der Vokal *e* und der Umlaut *ä* klingen sehr ähnlich oder gleich.

B**ä**cker · l**e**cker

*Aufgepasst:* Die meisten Wörter mit *ä* lassen sich von einem Wort mit *a* ableiten.
Einzige Ausnahme: *die Eltern – die Älteren*

G**ä**nse – G**a**ns
K**ä**lte – k**a**lt
**Ä**rmel – **A**rm
K**ä**lbchen – K**a**lb
sp**ä**rlich – sp**a**ren
St**ä**rke – st**a**rk

Einige wenige Wörter haben keine Ableitung auf *a*, werden aber trotzdem mit *ä* geschrieben. Da hilft nur auswendig lernen.

Ähre · Bär · Käfer · sägen · Geländer · März · Lärm

## eu und äu

Die Diphthonge *eu* und *äu* klingen gleich.

B**eu**te · Br**äu**te

Ähnlich wie bei den Wörtern mit *ä* kannst du Wörter mit *äu* meistens von einem Wort mit *au* ableiten.

B**äu**me – B**au**m
k**äu**flich – k**au**fen
Tr**äu**me – Tr**au**m
bl**äu**lich – bl**au**

Einige Wörter lassen sich allerdings nicht ableiten. Präge sie dir ein.

Säule · sich sträuben · sich räuspern · täuschen · Knäuel

## ei und ai

Normalerweise schreibt man mit *ei*. *Aufgepasst:* Wörter, die mit *ai* geschrieben werden, muss man sich merken. Alle Wörter aus der gleichen **Wortfamilie** werden mit *ai* geschrieben:

Blei · drei · schreien · Kleie · schneien · Feier

- **Kaiser** – kaiserlich, Kaiserthron, Kaiserkrone
- **Mais** – Maismehl, Futtermais, maisgelb, Maispflanze
- **Saite** – Saiteninstrument, Geigensaite, Gitarrensaite
- **Waise** – Halbwaise, Waisenheim, Waisenkind
- **Mai** – Maitanz, Maibaum, Maifeier
- **Hai** – Haifisch, Haiflosse
- **Kai** – Kaimauer

Wörter, die gleich klingen, aber unterschiedlich geschrieben werden, nennt man **Homophone.** Sieh genau hin und präge dir die Ausnahmen gut ein.

Kombiniere logisches Denken mit Regelwissen. Und schlag ruhig immer mal wieder nach – je öfter du ein Wörterbuch benutzt, desto leichter fällt dir der Umgang damit.

| **Homophone mit und ohne Dehnungs-h** | |
|---|---|
| dehnen (erweitern) | denen (Pronomen) |
| Mahl (Essen) | Mal (das erste Mal) |
| mahlen (Getreide) | malen (Bild) |
| Sohle (Schuh) | Sole (Salz) |
| Wahl (Abstimmung) | Wal (Säugetier) |
| wahr (richtig) | war (Präteritum von sein) |

| **Homophone mit Doppelvokal bzw. Dehnungs-h** | |
|---|---|
| Leere (Leerheit) | Lehre (Ausbildung) |
| Meer | mehr |

| **Homophone mit Dehnungs-e nach i** | |
|---|---|
| Fieber (erhöhte Temperatur) | Fiber (Faser) |
| Lied (Gesang) | Lid (Auge) |
| Miene (Gesicht) | Mine (Kugelschreiber) |
| Stiel (Besen) | Stil (Aufsatz) |

## Homophone

### Homophone mit e und ä

| | |
|---|---|
| Beeren (Strauchfrüchte) | Bären (Bär) |
| Ehre | Ähre (Korn) |
| Feld | fällt (zu fallen) |
| Felle (Tier) | Fälle (zu Fall) |
| Gewehr (Schusswaffe) | Gewähr (Garantie) |
| Lerche (Vogel) | Lärche (Baum) |
| Schwemme (Überfluss) | Schwämme (Schwamm) |
| Stelle | Ställe (für Tiere) |
| Welle (Meer) | Wälle (Schutzwälle) |
| Wende | Wände |

### Homophone mit eu und äu

| | |
|---|---|
| heute | Häute |
| Leute | läute! |

### Homophone mit ei und ai

| | |
|---|---|
| Seite (im Buch) | Saite (beim Instrument) |
| Weise (Art) | Waise (elternloses Kind) |

# 2 Konsonanten und Konsonantenverbindungen

## Konsonantenhäufung

Auf einen kurzen Vokal können anstelle von Doppelkonsonanten auch mehrere verschiedene Konsonanten folgen. Man spricht dann von **Konsonantenhäufung.**

Stru**mpf**maske · Wa**sch**straße · Su**mpf**pflanze · Sträfli**ngs**kleidung

### Wortzusammensetzungen

Für das Zusammentreffen von gleichen Konsonanten bei Wortzusammensetzungen gilt: Endet ein Wort mit dem gleichen Konsonanten wie der Beginn des folgenden Wortes, dann stehen die beiden Konsonanten unverändert nebeneinander.

schma**ll**ippig · Nebe**nn**iere · Mande**ll**ikör

Beim Zusammentreffen zweier Wörter folgt manchmal der Konsonantenverdoppelung am Ende des ersten Wortes der gleiche Anfangskonsonant des folgenden Wortes. Diese Wörter werden dann mit **drei gleichen Konsonanten** geschrieben.

Pa**ppp**lakat · Schi**fff**ahrt · Balle**ttt**änzer · Kle**mmm**appe · Bre**nnn**essel

*Aufgepasst:* Einige Ausnahmen werden mit **nur zwei Konsonanten** geschrieben.

de**nn**och · Dri**tt**el · Mi**tt**ag

Der besseren Lesbarkeit wegen kann man Wörter mit drei gleichen Konsonanten auch mit **Bindestrich** (↑ S. 69) schreiben.

Pa**pp-P**lakat
Schi**ff-F**ahrt
Balle**tt-T**änzer

2

Die Konsonantenverdoppelungen bleiben in allen Wörtern der ganzen **Wortfamilie** erhalten:

wollen – der Wille
trennen – die Trennung
fallen – der Fallrückzieher – das Gefälle
nummerieren – die Nummer
kümmern – der Kummer
wässrig – das Wasser – der Wassermann
alle – alles – allwissend

### Nachsilben -in und -nis im Plural

Im Plural werden die Konsonanten bei den Nachsilben *-in* und *-nis* verdoppelt.

Lehreri**nn**en · Kenntni**ss**e · Gefängni**ss**e

## Gleich und ähnlich klingende Konsonanten

In der deutschen Sprache gibt es zahlreiche Konsonanten, die ähnlich klingen und daher Schwierigkeiten bei der Schreibung bereiten.
Zudem kommen all diese Konsonanten an unterschiedlichen Stellen im Wort vor.

v–w · b–p · f–v · g–k · d–t · dt–tt · z–ds–ts–ns · x–ks–cks–gs–chs

**BESONDERS KNIFFLIG**

Hier findest du die wichtigsten Problemfälle unter den **gleich und ähnlich klingenden Konsonanten** (↑ S. 17 f.) und ihre Stellung im Wort:

| | Anlaut | Inlaut | Auslaut |
|---|---|---|---|
| **v**<br>**w** | **V**ase<br>**W**esen | ner**v**ös<br>ver**w**enden | |
| **b**<br>**p** | **b**acken<br>**p**acken | rau**b**en<br>Rau**p**e | Kal**b**<br>Lum**p** |
| **f**<br>**v** | **F**olge<br>**V**ogel | Ele**f**ant<br>Skla**v**e | el**f**<br>bra**v** |
| **g**<br>**k** | **g**ern<br>**K**ern | En**g**el<br>En**k**el | Ja**g**d<br>Ta**k**t |
| **d**<br>**t** | **D**eich<br>**T**eich | En**d**e<br>En**t**e | run**d**<br>bun**t** |
| **dt**<br>**tt** | | | Sta**dt**<br>sta**tt** |
| **z**<br>**ds**<br>**ts**<br>**ns** | | | Mär**z**<br>aben**ds**<br>ste**ts**<br>morge**ns** |
| **x**<br>**ks**<br>**cks**<br>**gs**<br>**chs** | **X**ylophon | He**x**e<br><br><br><br>A**chs**e | A**x**t<br>lin**ks**<br>Kle**cks**<br>anfan**gs** |

Bei den **gleich und ähnlich klingenden Konsonanten** gibt es Hilfen, die dir das Schreiben erleichtern.

- **Verlängerung des Auslauts:** Bilde den Plural oder frage nach anderen Wörtern der Wortfamilie.
- **Ableitung:** Frage nach dem Stammwort.

### Verlängerung des Auslauts

| | | | |
|---|---|---|---|
| der Leib | → die Leiber | der Lump | → die Lumpen |
| der Staub | → abstauben | das Grab | → die Gräber |
| der Wald | → die Wälder | die Arbeit | → der/die Arbeiter |
| das Rad | → die Räder | der Rat | → raten |
| das Band | → die Bänder | das Kind | → die Kinder |

### Ableitung

| | | | |
|---|---|---|---|
| nervös | → die Nerven | der Platz | → platzieren |
| er gibt | → geben | sie hupt | → hupen |
| friedlich | → der Frieden | deutlich | → deuten |
| die Jagd | → jagen | der Gestank | → stinken |
| der Klecks | → kleckern | anfangs | → anfangen |
| abends | → der Abend | stets | → stetig |

Ganz besonders das **Stammprinzip** wird nach der neuen Rechtschreibung mehr denn je umgesetzt.

behände zu Hand (statt behende) · Stängel zu Stange (statt Stengel) · platzieren zu Platz (statt plazieren)

## Verschlusslaute: b, d, g und p, t, k

Die Verschlusslaute *b, d, g* werden in der Regel stimmhaft, d. h. weich, die Verschlusslaute *p, t, k* dagegen stimmlos, d. h. hart, ausgesprochen. Im Anlaut ist das gut zu hören.

*weiche Anlaute:*
Bass · Dank · Guss

*harte Anlaute:*
Pass · Tank · Kuss

Im Wortinnern (Inlaut) klingen *b, d, g* und *p, t, k* manchmal sehr ähnlich. Auch am Wortende (Auslaut) sind sie beim Hören oft kaum zu unterscheiden.

Lügner – mäkeln
Staub – Lump
Hand – Haut
rund – bunt

**b und p**
Am Wortende klingt *b* wie *p*. Wenn du das Wort verlängerst, hörst du jedoch, ob *b* oder *p* geschrieben werden muss.

Stab – Stäbe
Stopp – stoppen

Du kannst das betreffende Wort verlängern, indem du etwa den Plural bildest oder ein verwandtes Wort suchst, bei dem der Verschlusslaut nicht mehr am Ende steht.

Grab – Gräber
lieb – Liebe

**d und t**
Am Wortende klingt *d* wie *t*. Auch hier gilt: Wenn du das Wort verlängerst, hörst du, ob *d* oder *t* geschrieben werden muss.

Spalt – spalten
Rind – Rinder
Kind – Kinder
Wand – Wände
Wind – Winde
Held – Helden
wild – wilder
Geld – Gelder

**g und k**

Wie *b* und *p*, *d* und *t* (↑ S. 18) klingen auch *g* und *k* im Auslaut gleich. Auch in diesem Fall macht die Wortverlängerung klar, wie das Wort geschrieben wird.

Betrug – betrügen
Krieg – Kriege
Sarg – Särge
Burg – Burgen
Krug – Krüge
krank – kränkeln
schlank – schlanker
Tank – tanken

## f-Laute

Grundsätzlich gilt: Die meisten f-Laute werden auch mit einem ***f*** geschrieben.

Delfin · Fehler · Schiff · Hilfe · rufen · Efeu

Steht ein ***v*** am Wortanfang oder Wortende, dann wird dieses *v* in der Regel wie ein *f* ausgesprochen.

**V**ater · akti**v**

*Aufgepasst:* In **Fremdwörtern** wird ein *v* nicht wie ein *f*, sondern wie ein *w* ausgesprochen.

**V**ase · pri**v**at

In **Fremdwörtern** schreibt man den f-Laut häufig mit ***ph.***

**Ph**ase · Katastro**ph**e · **Ph**iloso**ph**ie

*Aufgepasst:* Durch die Rechtschreibreform wurden viele dieser Fremdwörter mit f-Laut dem Deutschen angepasst (Schreibung von Fremdwörtern ↑ S. 70 f., Fremdwörter und ihre Herkunft ↑ S. 74).

**F**otogra**f**ie · Mikro**f**on

## f-Laute

Im Anlaut eines Wortes kann ***pf*** nicht immer deutlich gehört werden. Präge dir die Schreibung gut ein.

**Pf**laume · **Pf**erd · **Pf**ad

Anders dagegen in der Wortmitte: *pf* im Inlaut ist immer gut zu hören.

A**pf**el · klo**pf**en

## Die Endungen -ig und -lich

Die Endungen *-ig* und *-lich* sind lautlich nicht immer einfach zu unterscheiden. Auch hier hilft wieder die Verlängerung des Auslauts.

### Verlängerung des Auslauts

friedlich → friedliche (eine friedliche Welt)
herzlich → herzliche (eine herzliche Mutter)
heimlich → heimliche (eine heimliche Liebe)
peinlich → peinliche (eine peinliche Sache)
lieblich → liebliche (eine liebliche Melodie)
länglich → längliche (eine längliche Form)
spärlich → spärliche (eine spärliche Mahlzeit)
sportlich → sportliche (eine sportliche Lehrerin)
ehrlich → ehrliche (eine ehrliche Haut)

farbig → farbige (ein farbiges Bild)
geizig → geizige (eine geizige Tante)
listig → listige (ein listiger Fuchs)
riesig → riesige (ein riesiges Haus)
mutig → mutige (eine mutige Frau)
schimmelig/schimmlig → schimmelige/schimmlige (eine schimmlige Scheibe Brot)

## x-Laute

Grundsätzlich gilt: Im Deutschen gibt es verschiedene Schreibungen des gesprochenen x-Lautes. Diese verschiedenen Schreibungen lassen sich von unserem Gehör nur schwer unterscheiden. Die folgenden Konsonantenkombinationen klingen alle wie der Buchstabe *x: ks, cks, gs, chs.*
Ein bewährter Trick auch hier: Schau dir die verwandten Wörter an.

anfan**gs** – der Anfang · der Kle**cks** – kleckern

Am **Wortanfang** (Anlaut) gibt es für den x-Laut immer nur das ***x.***

**X**ylophon · **X**enia · **X**anten

In der **Wortmitte** (Inlaut) gibt es drei Möglichkeiten: ***x, chs* und *ks.***

A**x**t · He**x**e · Bü**chs**e · schla**ks**ig

*Aufgepasst:* **Tiernamen** werden immer mit ***chs*** geschrieben, unabhängig davon, an welcher Stelle im Wort der x-Laut vorkommt.

Lu**chs** · Da**chs** · Fu**chs** · La**chs** · O**chs**e · Eide**chs**e · Frechda**chs**

Am **Wortende** (Auslaut) kommen alle Varianten vor: ***x, chs, ks, gs, cks.***

Bo**x** · Ke**ks** · unterwe**gs** · Kni**cks**

Der bei der Wortschöpfung oder Flexion von Wörtern entstehende x-Laut richtet sich mit seiner Schreibung immer nach der Schreibung des Stammlauts.

du pflegst – pfle**g**en · Häcksel – ha**ck**en · du hinkst – hin**k**en · du druckst – dru**ck**en

## Die Vorsilben end- und ent-

In der gesprochenen Sprache ist der Unterschied zwischen *end-* und *ent-* nicht zu hören.
Aber grundsätzlich gilt: Die Vorsilbe *end-* mit *d* kommt vom Wort *Ende* und hat die Bedeutung von *Schluss*.

Endspurt · Endergebnis · endlich

Die Vorsilbe *ent-* mit *t* hat inhaltlich sehr oft mit der Vorsilbe *weg-* (in der Bedeutung *wegnehmen/weggeben/loswerden)* zu tun.

Entführung · entreißen · entfliehen

Manchmal ist die Bedeutung der Vorsilben *end-/ent-* nicht (mehr) zu entschlüsseln. Solche Wortzusammensetzungen schreibt man mit *ent-*.

entzünden – die Entzündung · entdecken – die Entdeckung

## seid oder seit

Um die beiden Wörter *seid* und *seit* unterscheiden zu können, musst du immer darauf achten, um welche Wortart es sich handelt.

- *seid* ist die 2. Person Plural Präsens des **Hilfsverbs *sein*.**
- *seit* ist eine **temporale Präposition,** d.h., es handelt sich dabei um eine **Zeitangabe.**

**Seid** ihr mir noch böse?

**Seit** Ostern besitze ich ein Fahrrad.

## Stadt und statt

Die beiden Wörter *Stadt* und *statt* klingen gleich. Unterscheide bei Wortzusammensetzungen nach der Bedeutung.
Zusammengesetzte Wörter mit *Stadt* haben immer etwas mit der Bedeutung *Stadt = größerer Ort, Siedlung* zu tun.

Stadtrat · Großstadt

Bei Wörtern mit *statt* haben die Wortzusammensetzungen die Bedeutung *stellvertretend für/anstelle* beziehungsweise die Wortbedeutung *Statt = Stelle, Platz.*

anstatt · stattdessen

Werkstatt · Ruhestätte

Diese Regelungen gelten in beiden Fällen übrigens auch für die Pluralformen.

Städtetag · Gaststätten

## Tod und tot

In zusammengesetzten Wörtern, die *Tod* oder *tot* enthalten, hören sich *d* bzw. *t* gleich an.
Als Grundregel gilt: **Substantive** werden **mit *d*** geschrieben.

Tod · Todesfall · Todeskampf · Todesurteil · Todesnachricht · Todfeind
*aber:* der Tote · Totgeburt · Totschlag

## Tod und tot

| | |
|---|---|
| Das **einfache Adjektiv *tot*** wird **mit *t*** geschrieben. | der tote Hund |
| Dagegen werden **zusammengesetzte Adjektive** meist ***mit tod-*** gebildet. | todkrank · todsicher |
| *Aufgepasst:* Es gibt Adjektive, die in beiden Schreibungen vorkommen. | totenblass und todblass · totenbleich und todbleich · totenstill und todstill |
| **Zusammengesetzte Verben und davon abgeleitete Partizipien** werden meist ***mit tot-*** gebildet und zusammengeschrieben. | totlaufen · totsagen · totgeärgert · totgeglaubt |
| Ausnahme: Die Kombination von *tot* mit dem Partizip Perfekt *geboren* wird getrennt geschrieben. | ein tot geborenes Kind |
| *Aufgepasst:* **Zusammensetzungen mit dem Hilfsverb *sein*** werden getrennt geschrieben, ebenso einige andere Zusammensetzungen. | tot sein · tot scheinen · sich tot stellen |
| Allgemein gilt: **Zusammensetzungen** | |
| ■ **mit *tod-* und *-es*** schreibt man mit ***d,*** | der Tod**es**fall · tod**es**mutig |
| ■ **mit *tot-* und *-en*** schreibt man mit ***t*.** | der Tot**en**kopf · tot**en**bleich |
| Kommt die Silbe ***tot* in Eigennamen bzw. festen Zusammensetzungen** vor, dann schreibt man sie meistens mit *t*. | das Tote Meer · etwas Starres und Totes |

## Schreibung der s-Laute

Die Schreibung der s-Laute gilt als schwierig, da es für einen einzigen gesprochenen Laut (Phonem) verschiedene Schreibweisen gibt. In der deutschen Sprache gibt es drei Schreibungen für den s-Laut: *s*, *ss* und *ß*. Man unterscheidet zusätzlich nach Aussprachevarianten. **Weiche Laute** werden auch **stimmhafte Laute** genannt, **harte Laute** bezeichnet man als **stimmlos.**

[z] *stimmhafter s-Laut:*
Hose · lesen
[s] *stimmloser s-Laut:*
Floß · genießen
*Der stimmlose s-Laut kann auch mit ss geschrieben werden:*
essen · der Kuss

### Schreibung mit einfachem s

**Nach Konsonanten** steht immer nur ein einfaches *s*.

Hals · Erbse · Pinsel

Auch **stimmhafte Laute** werden immer nur mit *s* geschrieben, egal ob
- vor Vokalen oder Diphthongen am Wortanfang (1) oder
- nach Vokalen oder Diphthongen in der Wortmitte (2).

(1) Salbe · Salz · sauber · segeln · sind · sonnig
(2) Hose · Masern · rasen · reisen · Riese · Wiese

Auch **nach einem langen Vokal oder Umlaut** kann ein einfaches *s* stehen. Es wird stimmhaft gesprochen, wenn ihm ein Vokal folgt (1). Am Wortende ist es stimmlos (2).

(1) Hase · Gebläse
(2) Gas

### Schreibung mit einfachem s

Ein einfaches *s* steht auch **am Wortanfang vor *p* und *t*.** Gesprochen wird dieses *s* allerdings wie [ʃ], z. B. in dem Wort *Schule*.

Spannung · spinnen · Spule · Stimme · Strahl · sträuben

### Schreibung mit ß

*ß* ist ein stimmloser s-Laut, der
- **nach langem Vokal** (1) oder
- **nach einem Diphthong** (2) geschrieben wird, wenn kein weiterer Konsonant folgt. Auch in der Pluralbildung bleibt der s-Laut stimmlos.

(1) Füße · Muße · Soße · Gruß · Maß · Fraß
(2) außen · reißen · weiß · meißeln

*Aufgepasst:* Anstelle von ***ß*** kann auch das stimmlose ***s*** am Wortende stehen (↑ S. 25):
- nach langem Vokal *(a, e, i, o, u)*,
- nach Diphthongen *(eu, ei, au, äu)*.

Es folgt aber nie *ss*.

Pflaumenmus
Haus · Maus

### Schreibung mit ss

**Nach einem kurzen Vokal** schreibt man fast immer *ss*.
*Aufgepasst:* Einige wenige ein- und zweisilbige Wörter werden im Singular mit einfachem *s* geschrieben, obwohl ihm ein kurzer Vokal vorausgeht. Die Pluralformen folgen allerdings wieder der Regel.

essen · küssen · der Fluss
der Bus – die Busse · der Kürbis – die Kürbisse · der Iltis – die Iltisse

Aus der Endung (Suffix) ***-nis*** wird im Plural immer ***-nisse.***

das Geheimnis – die Geheimnisse

Es gibt verwandte Wörter, die je nach Wortform mal einen kurzen, mal einen langen Vokal haben. Entsprechend den Regeln werden solche verwandten Wörter dann mal mit *ss*, mal mit *ß* geschrieben.

der Fluss – fließen · das Wissen – er weiß · das Schloss – schließen · der Biss – er beißt · der Genuss – er genießt

## s, ß oder ss?

Achte darauf, wie der s-Laut gesprochen wird und beachte:

- Ein einfaches *s* folgt auf einen Konsonanten. — Franse · emsig · Linse
- *ss* folgt auf einen kurzen Vokal. — Guss · Hass
- *s* oder *ß* folgt auf einen langen Vokal oder Diphthong. — Rose · Maße · Reise · heiß

| **langer Vokal: *s* oder *ß*** | | **kurzer Vokal: *ss*** |
|---|---|---|
| Maße | → | Masse |
| Rasen | → | Rassen (z. B. Tierrassen) |
| Straße | → | Strass (Edelsteinimitation) |
| Nase | → | nass |
| Buße | → | Busse |
| Schoß | → | (er) schoss |
| Floß | → | (es) floss |
| Mus (Brei) | → | (er) muss |
| Wiese | → | Wissen |
| Riese | → | (es) riss |

# 3 *das* und *dass*

## Die verschiedenen Aufgaben im Satz

*das* mit *s* kann in einem Satz drei verschiedene Aufgaben haben:

- Es ist ein **Artikel.** — **das** Fahrrad
- Es ist ein **Demonstrativpronomen.** — **Das** gefällt mir gut.
- Es ist ein **Relativpronomen.** — Das Fahrrad, **das** auf dem Hof steht, ist alt.

Keine Angst: Auch wenn du die Wortart einmal nicht bestimmen kannst, die Schreibung ist immer gleich.

*dass* mit *ss* ist eine **Konjunktion,** also ein Bindewort, das zwei Sätze miteinander verbindet.

Es ist gut**, dass** es Bücher gibt.
Weißt du schon**,** **dass** wir morgen keine Schule haben?

*Aufgepasst:* Vergiss nicht, vor *dass* immer ein **Komma** zu setzen. Manchmal steht das Komma auch am Ende des Nebensatzes, wenn dieser dem Hauptsatz vorausgeht.

**Dass** ich ohne Bücher lernen soll**,** kann ich mir nicht vorstellen.

**BESONDERS KNIFFLIG**

**s oder ss?**
Die Schreibung von *das* oder *dass* hängt von der grammatischen Bedeutung dieser Wörter ab:

- Das Wort *dass* ist immer eine **Konjunktion.**

*Aufgepasst:* Man muss sich merken, dass Konjunktionalsätze mit *dass* eingeleitet werden!

Sie erkannte, **dass** sie ein Problem hatte.

- In **allen anderen Fällen** wird mit *s* geschrieben.

Sie erkannte **das** Problem.

**Die Ersatzprobe**
*Das* schreibt man immer mit *s*, wenn man

- *ein,*
- *welches,*
- *dieses* oder
- *jenes*

einsetzen kann.

**das** Kind – **ein** Kind

Das Heft, **das** auf meinem Schreibtisch liegt, …
Das Heft, **welches** auf meinem Schreibtisch liegt, …

Ist es **das** Haus? – Ist es **dieses** Haus?

Dieses Buch hat mir gefallen, **das** aber nicht.
Dieses Buch hat mir gefallen, **jenes** aber nicht.

*Dass* schreibt man immer mit *ss*, wenn man kein anderes Wort einsetzen kann. Oder anders ausgedrückt: Wenn die Ersatzprobe mit *welches/dieses/jenes* keinen sinnvollen Satz ergibt, ist *dass* eine Konjunktion.

Kaum zu glauben, aber wahr: Jeder dritte (!) Rechtschreibfehler, der im Deutschen gemacht wird, ist auf die falsche Verwendung von *das* und *dass* zurückzuführen. Da lohnt es sich wirklich, das Problem gründlich anzugehen und die Ersatzprobe (↑ S. 29) nochmals genauer anzuschauen.

## *das* oder *dass?*

1. Ich habe ____ Buch, ____ auf meinem Schreibtisch liegt, noch nicht gelesen.
2. ____ Kind, ____ spielen kann, ist glücklich.
3. Die Wüstentour wird ein Abenteuer werden, auf ____ ich mich schon seit langem freue.
4. Ich gebe dir dein Taschengeld, ____ du aber nicht gleich wieder ausgeben sollst.
5. Es ist mir völlig neu, ____ ihr umgezogen seid.
6. ____ du mich so gelobt hast, werde ich dir nie vergessen.
7. Ich will nicht, ____ du morgen müde bist.

## Ersatzprobe

Sind die gesuchten Wörter *das* oder *dass* ein Artikel, ein Demonstrativpronomen oder ein Relativpronomen? Kannst du für die gesuchten Wörter *das* oder *dass* ein anderes Wort, also *ein, welches, dieses* oder *jenes,* einsetzen?

**Ja**

Wenn du diese Fragen mit Ja beantworten kannst, dann gilt die Schreibung mit *s*.

## Schreibung mit *s*

❶ Ich habe **das** Buch, **das** auf meinem Schreibtisch liegt, noch nicht gelesen.
**ein** – **welches**

❷ **Das** Kind, **das** spielen kann, ist glücklich.
**Ein** – **welches**

❸ Die Wüstentour wird ein Abenteuer werden, auf **das** ich mich schon seit langem freue.
**welches**

❹ Ich gebe dir dein Taschengeld, **das** du aber nicht gleich wieder ausgeben sollst.
**welches**

**Nein**

Wenn du auf diese Fragen mit Nein antwortest, gilt die Schreibung mit *ss*.

## Schreibung mit *ss*

❺ Es ist mir völlig neu, **dass** ihr umgezogen seid.

❻ **Dass** du mich so gelobt hast, werde ich dir nie vergessen.

❼ Ich will nicht, **dass** du morgen müde bist.

# 4 Groß- und Kleinschreibung

## Großschreibung

**Grundsätzlich gilt:**

| | |
|---|---|
| Man schreibt immer groß:<br>■ das erste Wort eines Satzes,<br>■ das erste Wort eines selbstständigen Satzes nach einem Doppelpunkt,<br>■ das erste Wort einer direkten Rede. | **E**r ist groß. · Das ist die Vereinbarung: **W**ir fahren morgen. · Mit seinem ständigen „**I**ch mag nicht“ nervt er. |
| **Substantive** werden immer großgeschrieben. Substantive erkennt man daran, dass sie in den meisten Fällen einen bestimmten oder unbestimmten Artikel bei sich haben. | der **S**chüler · die **S**chülerin · ein **M**ädchen · eine **S**chule · das **H**aus · der **G**arten · eine **K**atze |
| Diese Grundregel gilt auch für **ins Deutsche übernommene Wörter** aus anderen Sprachen. | der **S**wimmingpool · der **D**rink |
| Wörter mit den Suffixen (Nachsilben) ***-ung, -heit, -nis, -schaft, -tum, -ling*** oder ***-sal*** sind Substantive. Man schreibt sie daher groß. | die Befrei**ung** · die Frei**heit** · die Fair**nis** · die Beleg**schaft** · das Heilig**tum** · der Säug**ling** |

**Eigennamen** werden ebenfalls immer großgeschrieben.

Frau **M**üller ist eine beliebte Lehrerin.

*Aufgepasst:* Auch mehrteilige Eigennamen werden immer großgeschrieben.

der **A**lte Fritz · der **H**eilige Abend

Groß schreibt man auch **alle Wörter, die als Substantive gebraucht werden (Substantivierungen),** auch dann, wenn sie ursprünglich zu einer anderen Wortart gehören. Oder anders ausgedrückt: Ausschlaggebend für die Großschreibung eines Wortes ist immer seine Stellung im Satz.

Das schnelle **L**aufen brachte ihn außer Atem. · Schule ist das **S**chönste im Leben! · Weihnachten ist für ihn nichts **B**esonderes. · Wir müssen das Für und Wider sorgsam abwägen. · Der Hund ist eine Sie.

4

## Substantivierte Verben

Als Substantiv gebrauchte Verben werden großgeschrieben.
Häufig ist dann ein Artikel vorangestellt.

Das **L**esen von Comics macht Spaß. · In der Schule lernt man das **S**chreiben.

*Aufgepasst:* Wenn der Artikel fehlt, kann man groß- oder kleinschreiben.

In der Schule lernt man **S**chreiben/**s**chreiben.

Auch **zusammengesetzte Verben,** die als Substantiv gebraucht werden, werden großgeschrieben.

In 3000 m Höhe fällt das **L**uftholen manchmal sehr schwer.

## Substantivierte Adjektive

Adjektive werden großgeschrieben, wenn sie im Satz als Substantiv verwendet werden.
*Aufgepasst:* Häufig geht dem substantivierten Adjektiv ein Artikel voraus. In bestimmten Fällen ist sowohl Groß- als auch Kleinschreibung möglich (↑ S. 45).

Fußball ist für ihn das **G**rößte. · Der **S**chnellste gewinnt. · Der Detektiv tappt schon lange im (in dem) **D**unkeln. · Im **A**llgemeinen gilt … · Sie ist die **B**este.

Adjektive werden immer dann zu Substantiven, wenn sie auf **unbestimmte Mengenangaben** folgen:
*allerlei, alles, etwas, genug, nichts, viel, wenig.*

allerlei **G**utes · alles **S**chöne · nichts **N**eues · wenig **B**untes · etwas **T**olles · genug **N**ebensächliches · viel **A**llgemeines

Bei den Adjektiven musst du Folgendes beachten: Adjektive, die sich auf ein Substantiv beziehen, das an einer anderen Stelle im Satz steht, werden kleingeschrieben. In diesen Fällen musst du dir das Substantiv dazudenken (↑ S. 43).

Junge Ponys sind manchmal übermütiger als **a**lte (Ponys).

Auch Verbindungen mit ***am*** **und** einem **Superlativ** werden kleingeschrieben. Du kannst sie mit *wie?* erfragen (↑ S. 47).

Das Auffinden der geheimen Konten ist **am s**chwierigsten. · Eine selbst gemachte Pizza schmeckt mir **am b**esten.

Oft sind Adjektive auch in **mehrteiligen Eigennamen** enthalten. Wenn sie eindeutig zusammengehören, werden sie ebenfalls großgeschrieben.

der **S**chiefe **T**urm von Pisa · das **T**ote **M**eer · das **N**eue **T**estament

## Substantivierte Partizipien

Partizipien entstehen aus Verben und werden mit der Endung *-end* (Partizip Präsens) oder der Vorsilbe *ge-* (Partizip Perfekt) gebildet. Sie werden großgeschrieben, wenn sie als Substantiv verwendet werden. Auch sie haben häufig einen Artikel.

Der **B**adende wird nass. · Das **G**eschriebene ist gültig. · Das **G**ehörte war unglaublich.

Nicht nur Adjektive (↑ S. 34), auch Partizipien musst du großschreiben, wenn sie auf eine **unbestimmte Mengenangabe** folgen: *allerlei, alles, etwas, genug, nichts, viel, wenig.*

alles **G**ute · etwas **G**eschriebenes · wenig **G**eeignetes

## Substantivierte Pronomen

Pronomen, die als Substantive gebraucht sind, werden großgeschrieben.
Auch hier geht in den meisten Fällen ein Artikel voraus.
*Aufgepasst:* Pronomen, die als Stellvertreter gebraucht werden, schreibt man klein (↑ S. 45).

Dieser Hund ist eine **S**ie und kein **E**r. · Er hat das **S**einige dazu beigetragen.
Kann mir **j**emand helfen?

## Weitere Substantivierungen

Als Substantiv gebrauchte Adverbien, Präpositionen, Konjunktionen und Interjektionen schreibt man groß.
Sie treten häufig als **Paarformeln** auf:

- Adverbien,

  das ganze **D**rum und **D**ran

- Präpositionen,

  das **F**ür und **W**ider dieses Vorschlags

- Konjunktionen,

  nicht nur das **O**b, sondern auch das **W**ie

- Interjektionen.

  mit lautem **W**eh und **A**ch · mit großem **H**urra begrüßen

*Aufgepasst:* Bei mehrteiligen, mit einem Bindestrich verbundenen Konjunktionen bezieht sich die Großschreibung nur auf das erste Wort.

Es gibt hier nur ein **S**owohl-als-auch, kein **E**ntweder-oder.

Als Substantiv gebrauchte **Zahlwörter** schreibt man groß.

Jim Knopf und die wilde **D**reizehn · eine **S**echs würfeln · vier **E**insen im Zeugnis haben

**Bestimmte Zahlwörter** können, wenn sie eine unbestimmte, nicht in Ziffern schreibbare Menge bezeichnen, großgeschrieben werden. *Aufgepasst:* Es ist auch Kleinschreibung erlaubt.

Dutzende/dutzende · Hunderte/hunderte · Tausende/tausende

Auch **unbestimmte Zahladjektive** werden großgeschrieben, wenn sie als Substantiv gebraucht werden.

alles **Ü**brige · nicht das **G**eringste · das gewisse **E**twas · etwas **D**erartiges · jeder **E**inzelne



Die **Zahladjektive** *viel, wenig, (der) eine, (der) andere* können großgeschrieben werden, wenn ihr substantivischer Charakter hervorgehoben werden soll oder wenn sie eine übertragene Bedeutung haben. *Aufgepasst:* In der Regel werden sie jedoch kleingeschrieben (↑ S. 46).

Das Lob **der V**ielen war ihr nicht wichtig. · Ich bin auf der Suche nach **dem A**nderen.

Es gab **v**iele, die nicht mitmachen wollten. · Die **m**eisten blieben zu Hause.

Als Substantiv gebrauchte **Bruch- und Ordnungszahlen** werden ebenfalls großgeschrieben. Wieder steht häufig ein (bestimmter oder unbestimmter) Begleiter dabei.

ein **V**iertel des Kuchens · vom **H**undertsten ins **T**ausendste kommen · Jeder **D**ritte, der kam, trug einen Hut. · Den **L**etzten beißen die Hunde.

## Tageszeiten und Zeitangaben

| | |
|---|---|
| Tageszeiten können als Substantiv auftreten. Man erkennt sie meist am Artikel oder einem Pronomen und schreibt sie daher groß. | **Der A**bend ist die schönste Tageszeit. · **Am V**ormittag ist der Strand ganz leer. · **Jeden M**ittag gehe ich schwimmen. |
| Manchmal fehlen der Artikel oder ein Pronomen als Erkennungszeichen; stattdessen steht eine **Präposition.** | **zu M**ittag essen · **gegen A**bend kommen · **vor M**itternacht einschlafen |
| Die Zeitangaben können auch **im Genitiv** stehen. Ihnen wird dann ein *-s* angehängt. | **eines** Tage**s** · **des** Abend**s** · **eines** Morgen**s** |
| **Tageszeiten,** die **nach** den Adverbien ***vorgestern, gestern, heute, morgen*** und ***übermorgen*** stehen, werden großgeschrieben. | gestern **M**orgen · heute **A**bend · morgen **N**acht |
| Auch **Wochentage** sind Zeitangaben. Sie werden großgeschrieben, wenn sie im Satz als Substantiv verwendet werden. Hinweis: Auch sie erkennst du am Begleiter. | Clara hat **am M**ontag Klavierunterricht. · **Am F**reitagabend gehen wir essen. |

## Sprach- und Farbbezeichnungen

In Verbindung mit Präpositionen werden Sprach- und Farbbezeichnungen großgeschrieben.

**bei G**rün losfahren · ein Reiseführer **in D**änisch

## Paarformeln

Undeklinierte Adjektive, die mehrere Personen gemeinsam bezeichnen (man nennt sie Paarformeln), werden großgeschrieben.

**A**lte und **J**unge · **G**roß und **K**lein · **A**rm und **R**eich



## Feststehende Begriffe

Bestimmte feststehende Begriffe werden großgeschrieben:

- Titel oder Amtsbezeichnungen, — der **H**eilige **V**ater · der **S**tellvertretende **B**ürgermeister
- Arten und Rassen in der Biologie, — der **D**eutsche **S**chäferhund
- besondere Kalendertage und — der **W**eiße **S**onntag · der **E**rste **M**ai
- historische Ereignisse. — der **Z**weite **W**eltkrieg

Bei bestimmten Gesamtbegriffen oder fachsprachlichen Ausdrücken ist sowohl Groß- als auch Kleinschreibung möglich (↑ S. 44).

die Gelbe *oder* gelbe Karte · Er leistet Erste *oder* erste Hilfe · der Goldene *oder* goldene Schnitt

## Geografische Bezeichnungen

Die von geografischen **Eigennamen** abgeleiteten Wörter auf *-er* schreibt man immer groß.

der **K**ölner Dom · eine **M**annheimer Firma · die **S**chweizer Industrie

Auch **Adjektive,** die von geografischen Namen abgeleitet sind und Teil eines Eigennamens sind, werden großgeschrieben.

der **B**ayerische Wald · die **S**chwäbische Alb

*Aufgepasst:* Die von geografischen Namen abgeleiteten Wörter auf *-isch, -ische, -ischer, -sch* schreibt man klein, wenn sie nicht Teil eines Eigennamens sind.

die **c**hinesi**sche** Seide · der **w**estfäl**ische** Schinken

Auch einige **feste Verbindungen** behalten die ursprüngliche Kleinschreibung von Adjektiven bei.

der **g**rüne Punkt · das **n**eue Jahr

## Personennamen

Von Personennamen **abgeleitete Adjektive** werden großgeschrieben, wenn sie **Teil eines Eigennamens** sind (↑ S. 46).

das **E**lisabethanische Drama · der **H**alleysche Komet · die **C**ansteinsche Bibelanstalt

**Zusammensetzungen mit** mehreren oder mehrteiligen **Namen** werden ebenfalls großgeschrieben. Meist steht in solchen Zusammensetzungen ein Bindestrich.

**J**ohann-**S**ebastian-**B**ach-**G**ymnasium · **S**t.-**M**arien-**K**irche

## Höfliche Anrede

Die **Höflichkeitsanrede** *Sie* und das entsprechende Possessivpronomen *Ihr* werden großgeschrieben (zur Groß- und Kleinschreibung von *du* ↑ S. 45).

Konnten **S**ie alles besorgen? · Wie geht es **I**hren Kindern?

*Aufgepasst:* Das rückbezügliche *sich* in der höflichen Anrede wird kleingeschrieben.

Haben **S**ie **s**ich verletzt?

Die **Pronomen in bestimmten,** selten vorkommenden **Anredeformen und Titeln** schreibt man groß.

Schweig **E**r! · Wollt **I**hr **E**uch selbst überzeugen, edler Herr? · Auf das Wohl **I**hrer Majestät, der Königin!



## Titel und Namen

In Titeln von Büchern, Filmen, Kunstwerken, Zeitschriften usw. wird das erste Wort großgeschrieben. Der Titel steht in Anführungszeichen.

Hast du schon „**F**ünf Freunde“ gelesen? · Gestern habe ich „**G**ute Zeiten, schlechte Zeiten“ gesehen.

Eine Ausnahme sind Zeitschriftennamen.

Mein Vater liest die Frankfurter Allgemeine, meine Mutter die Zeit.

**Werktitel** werden flektiert. Man schreibt dann das erste Wort groß.

Ich war zweimal im „**D**ritten Mann“.

# Großschreibung auf einen Blick

## Groß schreibt man:

am Satzanfang, bei vollständigen Sätzen nach Doppelpunkt und in der höflichen Anrede. Außerdem schreibt man Substantive *(die Schule, das Haus)* und alle Wörter, die als Substantiv verwendet werden, die so genannten Substantivierungen, groß (↑ S. 32–41).

## Substantivierungen

- **Verben**
  In der Schule lernt man das **L**esen.
- **Adjektive**
  Fußball ist für ihn das **G**rößte.
- **Partizipien**
  der **L**esende
- **Pronomen**
  Dieses Kleid ist das **I**hrige.
- **Zahlwörter**
  die wilde **D**reizehn
- **Paarformeln**
  **J**ung und **A**lt
- **feststehende Begriffe**
  der **H**eilige **V**ater
- **die meisten unbestimmten Zahladjektive**
  nicht das **G**eringste
- **Konjunktionen**
  das **W**enn und **A**ber
- **Interjektionen**
  das **A**ch und **W**eh

## Kleinschreibung



**Grundsätzlich gilt:**

Alle Wörter, die keine Substantive sind, werden kleingeschrieben, wenn sie ihrer ursprünglichen Wortart entsprechend in einem Satz verwendet werden:

- Verben, – **s**pielen · **l**achen
- Adjektive, – **s**chön · **b**unt
- Artikel, – **d**er/**d**ie/**d**as · **e**in/**e**ine
- Pronomen, – **d**u · **e**r · **m**ein
- Partizipien, – **s**ehend · **g**elacht
- Adverbien, – **g**ut · **b**öse
- Präpositionen, – **i**n · **a**uf · **u**nter
- Konjunktionen, – **w**enn · **d**anach
- Zahlwörter. – **v**iel · **w**enig · **d**rei

Auch **Wörter, die sich im Satz auf ein Substantiv beziehen,** werden kleingeschrieben. Du merkst das daran, dass das Substantiv nur nicht genannt wird und du es dir ganz leicht hinzudenken kannst.

Die großen Fische fressen die **k**leinen (Fische). · Alte Schuhe sind meist bequemer als **n**eue (Schuhe).

Stehen **Frage- oder Ausrufezeichen** innerhalb eines ganzen Satzes, schreibt man klein weiter.

„Wie geht es dir?“, **f**ragte die Lehrerin. · „Glänzend!“, **a**ntwortete der Schüler. „Ich habe heute meine Aufgaben gemacht.“

## Adjektive in festen Wortgruppen

Es gibt Wortgruppen (feste Begriffe), die keine Namen sind, obwohl sie oft als Namen angesehen werden. Diese Adjektive schreibt man in der Regel klein (zur Großschreibung in bestimmten Fällen ↑ S. 39).

**i**talienischer Salat · **k**ünstliche Intelligenz · die **g**elbe Karte · die **m**ittlere Reife · das **n**eue Jahr · die **a**nalytische Geometrie

*Aufgepasst:* Entsteht eine neue Gesamtbedeutung, kannst du zur Hervorhebung dieses neuen Gebrauchs das Adjektiv auch großschreiben.

einen **b**lauen *oder* **B**lauen Brief bekommen · das **s**chwarze *oder* **S**chwarze Brett

## Adverbien als Zeitangaben

Die Zeitangaben ***heute, gestern, vorgestern, morgen, übermorgen*** sind Adverbien und werden kleingeschrieben.

Wir waren **g**estern im Zirkus. · Das Wetter **h**eute ist sehr schön. · Sie geht **m**orgen früh zur Arbeit.

*Aufgepasst:* In bestimmten Verbindungen gelten diese **Adverbien als Substantiv.**

gestern **M**orgen · heute **A**bend

Zeitangaben mit angehängtem -s sind Adverbien und werden immer kleingeschrieben.

**f**rühmorgen**s** · **a**bend**s** · **m**ittwoch**s** · **n**acht**s** · **n**achmittag**s**

## Feste adverbiale Wendungen

Kleinschreibung gilt in festen adverbialen Wendungen aus Präposition + artikellosem Adjektiv (1). In Verbindungen aus Präposition + dekliniertem Adjektiv ohne Artikel kann man das Adjektiv auch großschreiben (2).

(1) von **n**ah und **f**ern · sich etwas zu **e**igen machen
(2) von **n**ahem *oder* **N**ahem

## Pronomen

Die Pronomen ***manche, jene, jede, beide, eine, einige, alle*** werden in allen Flexionsformen kleingeschrieben.

Nur **w**enige nehmen teil. · Die **b**eiden kenne ich.



## Vertrauliche Anrede

Die vertrauliche Anrede *du* und *ihr* sowie die entsprechenden Possessivpronomen werden kleingeschrieben. In **Briefen** können *du* und *ihr* mit ihren Possessivpronomen auch großgeschrieben werden.

Wo habt **i**hr **e**ure Sachen gelassen? · Ich habe **e**uch gesucht.

## Zahlwörter

Die **Grundzahlen** (Kardinalzahlen) von 0 bis 999 999 schreibt man klein.

Was **d**rei wissen, wissen bald **d**reißig. · um **s**ieben

*Aufgepasst:* Eine Grundzahl schreibt man groß, wenn sie die Ziffer oder den Zahlwert bezeichnet.

Der Zeiger nähert sich der **E**lf. · Er hat die **H**undert voll gemacht.

## Zahlwörter

Die vier **Zahladjektive *viel, wenig, einige, andere*** werden in allen Formen kleingeschrieben (zu Ausnahmen ↑ S. 37).

Das haben schon **v**iele erlebt. · Sie hatte etwas **a**nderes erwartet.

Wenn **Bruchzahlen** auf ***-tel*** und ***-stel*** vor einer Maßangabe stehen, schreibt man sie entweder getrennt und klein oder zusammen und groß.

ein **v**iertel Liter oder ein **V**iertelliter · **t**ausendstel Sekunde oder **T**ausendstelsekunde

## Abgeleitete Adjektive

Von **geografischen Namen** abgeleitete Adjektive auf ***-isch*** schreibt man klein, wenn sie nicht Teil eines Namens sind (↑ S. 40).

**b**öhm**isch**e Dörfer · **c**hines**isch**e Seide

Von **Personennamen** abgeleitete Adjektive werden kleingeschrieben, wenn sie nicht Teil eines Namens sind (↑ S. 40).
*Aufgepasst:* Man kann diese Adjektive großschreiben, dann aber mit Apostroph.

**k**afkaeske Gestalten · der **o**hmsche Widerstand (nach Ohm benannt)

die **G**oethe'schen Dramen

## Superlative

Superlative mit ***am*** schreibt man klein (↑ S. 34). In diesen Fällen kann man *am* nicht in *an dem* zerlegen, d. h., es steht kein Begleiter.

Etwas zu essen brauchen wir **am n**ötigsten. · Diese Regel ist **am l**eichtesten zu lernen.

## Desubstantivierungen



Aus Substantiven entstandene Wörter anderer Wortarten werden kleingeschrieben.

### Adverbien

**a**bends · **t**eils · **r**echtens

### bestimmte Adjektive

(mit *sein* oder *werden* verbunden)

Mir ist **a**ngst. · Sie ist mir **g**ram. · Du warst **k**lasse!

### Präpositionen

**d**ank · **k**raft · **l**aut · **s**tatt · **t**rotz · **s**eitens · **a**ngesichts · **n**amens · um … **w**illen

### unbestimmte Pronomen und Zahlwörter

ein **b**isschen · ein **w**enig

## Kleinschreibung innerhalb des Satzes

**Nach Anführungen** innerhalb eines Ganzsatzes schreibt man klein.

„Wohin gehst du", **f**ragte er. · Sie schrie: „**N**iemals!" **u**nd schlug die Tür zu.

**Eingeschobene Sätze** beginnen mit Kleinschreibung. Man trennt sie durch Gedankenstriche oder Klammern (↑ S. 83) vom Hauptsatz.

Mein Bruder (**d**u hast ihn doch kennen gelernt?) heiratet im September. · Dieses Bild – **e**s ist das bekannteste des Künstlers – wurde teuer verkauft.

*Aufgepasst:* Wenn der eingeschobene Satz in Anführungsstrichen steht, schreibt man das erste Wort groß (↑ S. 32).

Mit seinem ständigen „**I**ch mag nicht" ging er uns allen auf die Nerven.

## Groß oder klein?

Manche Wörter kann man als **feste Zusammensetzung** oder auch als **Wortgruppe** betrachten. Dann kannst du dir aussuchen, wie du schreiben möchtest.

| | | | |
|---|---|---|---|
| aufgrund | – auf Grund | mithilfe | – mit Hilfe |
| zulasten | – zu Lasten | zumute sein | – zu Mute sein |
| vonseiten | – von Seiten | imstande sein | – im Stande sein |
| zugrunde | – zu Grunde | infrage kommen | – in Frage kommen |

## BESONDERS KNIFFLIG

**Angst–angst · Bange–bange · Leid–leid · Recht–recht · Unrecht–unrecht · Schuld–schuld**

| | |
|---|---|
| Mit den Verben *sein* und *werden* schreibt man diese Wörter klein. | Mit anderen Verben schreibt man sie groß. |
| Mir wird **a**ngst. | **A**ngst machen · **A**ngst haben |
| Mir ist **a**ngst und **b**ange. | **B**ange machen · **B**ange haben |
| Ich bin es **l**eid. | **L**eid antun |
| Es ist mir **r**echt.<br>Du tust mir **u**nrecht. | **U**nrecht haben · **R**echt behalten · **R**echt geben · **R**echt bekommen |
| | **S**chuld haben · **S**chuld geben |

*Aufgepasst:* In Verbindung mit *behalten, bekommen, geben, haben, tun* kannst du auch kleinschreiben.
Du bist **s**chuld. · Ich gebe ihm **r**echt. · Du tust ihm **u**nrecht.

**Zahlwörter**
Bestimmte Zahlwörter können, wenn sie eine unbestimmte, nicht in Ziffern schreibbare Menge bezeichnen, großgeschrieben werden.

| | |
|---|---|
| **T**ausende | **t**ausende |
| **D**utzende | **d**utzende |
| **H**underte | **h**underte |

**Mal – mal**
Wenn man *Mal* **deklinieren** kann, schreibt man groß.

hundert **M**ale — *aber:* **h**undertmal

### Reime und Eselsbrücken

Reime und Eselsbrücken bleiben prima im Gedächtnis haften: „Wer nämlich mit h schreibt, ist dämlich!" – Oder: „Gar nicht wird gar nicht zusammengeschrieben!" Lass dir auch selbst Reime und Eselsbrücken einfallen. Es funktioniert!

### Memory

Schreib deine Problemwörter auf je zwei Karteikärtchen, male ein Bild oder eine Comicszene dazu und spiele dein selbst gebasteltes Memory mit einem Freund, einer Freundin oder deinen Eltern.

### Im Rückwärtsgang

Nach einem Übungsdiktat oder einer Abschrift liest du dir deinen Text noch einmal durch – aber von hinten nach vorne, Wort für Wort. So kann man Fehler nicht so leicht überlesen.

### Fehlersuche

Der Detektiv bist du. Lass dir von einem Freund, von deinen Geschwistern oder deinen Eltern eine Reihe von Wörtern aufschreiben, die nicht alle richtig geschrieben sind! Jetzt darfst du die Fehler suchen.

### Kreuzworträtsel

Deine Eltern wollten dir schon immer bei den Schularbeiten helfen? Fordere sie auf, dir aus deinen Problemwörtern ein Kreuzworträtsel zu basteln. Das Lösen des Kreuzworträtsels musst du dann allerdings selbst übernehmen.

## Erst einfach, dann schwierig

Fang beim Lernen mit einfachen Wörtern an, erst danach kommen die schwierigeren Wörter.

## Wörter für die Zimmertür

Sitzt du gerne am Computer? Dann schreibe deine fehlerträchtigen Wörter in Fettdruck (oder bunt oder besonders groß) mit dem Computer, drucke die Seite (oder die Seiten) aus und hänge dir das Blatt einige Tage an die Zimmertür. Tausche die Wörter immer mal wieder aus.



## Lexikonspiel

Kennst du das Lexikonspiel? Hier die Variante für eine bessere Rechtschreibung: Such in einem Rechtschreibwörterbuch nach kniffligen Wörtern und lass einen Schulfreund raten, wie das Wort geschrieben wird. Vergiss nicht, dich mit deinem Freund abzuwechseln (z. B. jeweils nach fünf Wörtern).

## Nie mehr vergessen

Hast du ein Wort, das du immer falsch schreibst? Suche dir vier weitere, schaue dir die Wörter fünf Minuten lang an und versuche jetzt, sie zu vergessen. Was man unbedingt vergessen möchte, bleibt nämlich garantiert im Gedächtnis haften.

## Ganz ruhig bleiben!

Lass dich nicht verunsichern! Du weißt schließlich, dass du gelernt hast und was du kannst – also geh ruhig und gelassen in die Klassenarbeit.

# 5 Getrennt- und Zusammenschreibung

## Getrenntschreibung

### Grundsätzlich gilt:

**Wortgruppen** werden **getrennt, Wortzusammensetzungen** werden **zusammengeschrieben.** Es ist jedoch nicht immer leicht zu unterscheiden, was eine Wortgruppe und was eine Zusammensetzung ist.
*Aufgepasst:* In Zweifelsfällen schreibt man getrennt.

da sein · ruhig bleiben · Auto fahren · gut gehen · rießig groß

### Verbindungen mit einem Verb

**Verbindungen mit *sein*** werden immer getrennt geschrieben.

da sein · dabei sein · gut sein · treu sein · beisammen sein

*Aufgepasst:* Werden solche Verbindungen im Satz substantivisch gebraucht, werden sie zusammengeschrieben.

**Das Beisammensein** am letzten Freitag hat mir richtig gut gefallen. · Sein Motto für Olympia: **Dabeisein** ist alles!

| | |
|---|---|
| **Verb + Verb:**<br>Sind bei Wortverbindungen beide Bestandteile Verben, wird getrennt geschrieben. | spazieren gehen · laufen lernen · lesen üben· kommen sehen |
| In diesen Fällen steht das erste Verb immer im Infinitiv, nur das Verb, das an zweiter Stelle steht, wird konjugiert. | Sie **geht** gern **spazieren.** · Ich bin gestern mit Ulf **schwimmen gegangen.** |
| Bei Verbindungen mit *bleiben* und *lassen* kannst du auch zusammenschreiben, wenn eine neue Bedeutung entsteht. | sitzen bleiben/ sitzenbleiben (= nicht versetzt werden) · liegen lassen/ liegenlassen (= nicht erledigen) |
| Dasselbe gilt für *kennen lernen* | Sie hat ihn in Rom kennen gelernt/ kennengelernt. |
| **Substantiv + Verb:**<br>Ist der erste Bestandteil ein Substantiv, das eindeutig als solches gebraucht wird, gilt Getrenntschreibung (↑ S. 58). | Rad fahren · Schlittschuh laufen · Angst haben |
| *Aufgepasst:* Bei substantivischem Gebrauch gilt auch hier Zusammenschreibung. | Das **Radfahren** macht bei Regen keinen Spaß! |

5

## Verbindungen mit einem Verb

**Adjektiv + Verb:**
Immer getrennt vom Verb sind Adjektive zu schreiben, die als Artangaben (Umstandsangaben) verwendet werden.

schnell fahren · deutlich sprechen · sich riesig freuen · höllisch aufpassen · lauter reden · früher aufstehen

Viele Verbindungen aus einfachem Adjektiv und Verb, bei denen das Adjektiv das Ergebnis der mit dem Verb beschriebenen Tätigkeit angibt, kannst du getrennt oder zusammenschreiben.

die Scheiben blank putzen/blankputzen · Zwiebeln klein schneiden/kleinschneiden · die Getränke kalt stellen/kaltstellen

*Aufgepasst:* Es gibt Zusammensetzungen, die einen festen Begriff bilden. Diese werden zusammengeschrieben (↑ S. 57).

freisprechen · frohlocken

**Partizip + Verb:**
Ein Partizip wird immer getrennt vom folgenden Verb geschrieben.

getrennt schreiben · gefangen nehmen · verloren gehen

**Adverb + Verb:**
In Wortgruppen werden Adverbien vom folgenden Verb getrennt geschrieben. Die Betonung liegt dann auf beiden Wörten. Oft ist aber auch nur das Verb betont, das Adverb bleibt unbetont.

Wir wollen den Text jetzt zusammen lesen. · Ich kann nicht gut rückwärts einparken.

## Verbindungen mit einem Substantiv

Wortverbindungen aus Substantiv und Partizip werden – wie die zugrunde liegenden Verbindungen aus Substantiv und Verb – getrennt geschrieben. Es gibt jedoch Ausnahmen (↑ S. 58).

**Eis essende** Kinder sind in Bekleidungsgeschäften nicht so gern gesehen. · Nach dem Dauerregen ist mit **Hochwasser führenden** Flüssen zu rechnen.

Du kannst aber dann getrennt oder zusammenschreiben, wenn die Verbindung als nicht verkürzte Wortgruppe angesehen wird (↑ S. 60).

Die Stadtverwaltung hat eine Sprechstunde für **Rat suchende** (*oder* **ratsuchende**) Bürger eingerichtet. Die **Not leidende** (*oder* **notleidende**) Bevölkerung wurde von der UN versorgt. · Ein **Handel treibender** (oder **handeltreibender**) Geschäftsmann wurde verhaftet.

*Aufgepasst:* Wenn du diese Verbindungen substantivierst, kannst du sie getrennt oder zusammenschreiben. Bei Getrenntschreibung werden beide Wörter großgeschrieben.

die Rat Suchenden/Ratsuchenden · der Handel Treibende/Handeltreibende

## Verbindungen mit einem Adjektiv

| | |
|---|---|
| **Ableitungen auf *-ig, -isch, -lich* + Adjektiv:**<br>Ist der erste Bestandteil eine Ableitung auf *-ig, -isch* oder *-lich,* wird getrennt geschrieben. | ries**ig** groß · verführer**isch** leicht · grün**lich** gelb |
| **gesteigertes oder erweitertes Adjektiv + Adjektiv:**<br>Eine Verbindung aus zwei Adjektiven, in der das erste Adjektiv gesteigert oder erweitert ist, wird getrennt geschrieben. | **leichter** verdauliche Speisen · eine **höchst erfreuliche** Entwicklung · ein **besonders dicht** bevölkertes Land |
| **adjektivisch gebrauchtes Partizip + Adjektiv:**<br>Eine Verbindung aus adjektivisch gebrauchtem Partizip und Adjektiv wird generell getrennt geschrieben. | gestochen scharf · blendend weiß · abstoßend hässlich |
| ***nicht* + Adjektiv:**<br>Verbindungen von *nicht* + Adjektiv können getrennt oder zusammengeschrieben werden | eine nicht öffentliche/nichtöffentliche Sitzung · eine nicht zutreffende/nichtzutreffende Behauptung |
| *Aufgepasst:* Sind diese Verbindungen substantiviert, kannst du ebenfalls getrennt oder zusammenschreiben. | nicht Zutreffendes/Nichtzutreffendes bitte streichen |

# Zusammenschreibung

## Verbindungen mit Verben

Es gibt so genannte **untrennbare Zusammensetzungen** mit einem Verb, die in allen gebeugten Verbformen zusammengeschrieben werden. Solche Zusammensetzungen bilden gemeinsam einen festen Begriff.

übertreten · widersprechen · frohlocken · langweilen · freisprechen (im Gericht) · durchqueren · wetteifern · unterstellen · fernsehen · brandmarken · handhaben · schlafwandeln · schlussfolgern



Es gibt aber auch Verbindungen von Präpositionen mit Verben, bei denen sich die Reihenfolge im Satz ändern kann. Diese Verbindungen nennt man **trennbare Zusammensetzungen.**

auffallen: Er fällt zwischen all den kleinen Kindern besonders auf. · hinschauen: Schau genau hin!

*Aufgepasst:* Solche trennbaren Zusammensetzungen aus Präpositionen und Verben werden nur in bestimmten Fällen zusammengeschrieben:

- im Infinitiv, — aufgehen
- im Partizip Präsens, — die aufgehende Sonne
- im Partizip Perfekt, — die Sonne ist aufgegangen
- bei Endstellung im Nebensatz. — … weil die Sonne aufgeht.

## Zusammensetzungen mit Substantiven

| | |
|---|---|
| Wortzusammensetzungen, die ein Substantiv enthalten, schreibt man zusammen. | die Steintreppe (der Stein + die Treppe) · der Altbau (alt + der Bau) |
| **Substantiv + Verb:** Verbindungen aus Substantiv und Verb werden zusammengeschrieben, wenn die Substantive kaum noch als solche erkennbar sind; sie bilden also einen feststehenden Begriff. | eislaufen · heimfahren · irreführen · irrewerden · kopfstehen · leidtun · stattfinden · teilhaben · teilnehmen · wettmachen · wundernehmen |
| **Substantiv + Adjektiv:** Verbindungen aus Substantiv und Adjektiv, die einen zusammengehörigen Begriff bilden, werden zusammengeschrieben. | staubtrocken · meterhoch |
| **Substantiv + Partizip:** Wortverbindungen aus einem Substantiv mit einem Partizip werden zusammengeschrieben, wenn das Substantiv aus einer Wortgruppe verkürzt worden ist. | herzerquickend (das Herz erquickend; der Artikel *das* geht verloren.) · mondbeschienen (vom Mond beschienen) · sagenumwoben (von Sagen umwoben) |

**Präposition + Substantiv:**
Ist bei einer Wortzusammensetzung die Bedeutung der einzelnen Teile nicht mehr deutlich erkennbar, schreibt man zusammen. Diese Wortverbindung ist dann zu einer neuen Präposition bzw. einem Adverb geworden.

anstelle · inmitten

*Aufgepasst:* Wortverbindungen aus Präposition + Substantiv, in denen das Substantiv nicht verblasst ist, werden getrennt geschrieben.

zu Fuß · zu Ende · unter der Hand

## Zusammensetzungen mit Adjektiven



**Adjektiv + Verb:**
Man schreibt zusammen, wenn die Verbindung eine **neue Bedeutung** bekommt, Adjektiv und Verb also einen festen Begriff bilden. Das Adjektiv kann dann auch nicht gesteigert oder erweitert werden.

jemanden krankschreiben · den Gegner kaltstellen (= ausschalten) · ein Wort kleinschreiben (mit kleinem Anfangsbuchstaben schreiben)

Zusammensetzungen, deren erster Bestandteil den zweiten in der Bedeutung verstärkt oder vermindert, schreibt man zusammen.

bitterkalt · brandaktuell · dunkelrot · superklug · halboffiziell

Auch zusammengesetzte Adjektive, bei denen einer der beiden Bestandteile nicht allein vorkommen kann, werden zusammengeschrieben.

großspurig · letztmalig · schwerstbehindert · blauäugig · vieldeutig

## Zusammensetzungen mit Partizipien

| | |
|---|---|
| Partizipien richten sich generell nach den zugrunde liegenden Verbindungen mit Verben (↑ S. 58). Man schreibt sie zusammen, wenn man die entsprechende Zusammensetzung aus Substantiv und Verb zusammenschreibt. | teilnehme**nd** (wegen teilnehmen) · irre**ge**leitet (wegen irreleiten) |
| Verbindungen, deren erster Bestandteil aus einer Wortgruppe verkürzt worden ist, schreibt man zusammen. | jahrelang (mehrere Jahre lang) · fingerbreit (einen Finger breit) · butterweich (weich wie Butter) |
| *Aufgepasst:* Lässt sich eine Verbindung auf eine getrennt zu schreibende Wortgruppe mit einem Verb zurückführen, schreibt man getrennt. | der Aufsicht führende Lehrer (wegen: Aufsicht führen) · ein Glück bringendes Amulett (wegen: Glück bringen) |
| Je nach Zusammenhang können Wortgruppen oder Zusammensetzungen vorliegen. Entsprechend kann die Schreibung dann variieren und entweder Getrennt- oder Zusammenschreibung richtig sein. | eine Furcht einflößende Gestalt – eine noch furchteinflößendere Gestalt (Zusammenschreibung wegen Steigerung) |

## Weitere Zusammensetzungen

Zusammengesetzte Wörter aus verschiedenen Wortarten, deren einzelne Bestandteile nicht mehr deutlich zu erkennen sind, schreibt man zusammen.

bergauf · bergab · kopfüber · zuallererst · zuallerletzt · zuletzt · einigermaßen

**Verbindungen mit *irgend-*:**
Verbindungen mit *irgend-* werden grundsätzlich ebenfalls zusammengeschrieben.

irgendwer · irgendwo · irgendjemand · irgendein · irgendetwas

*Aufgepasst:* Ausgenommen von dieser Regel sind Fälle, in denen der zweite Bestandteil erweitert ist.

irgend **so** ein · irgend **so** etwas

**Konjunktionen:**
Konjunktionen, also Wörter, die einen Nebensatz einleiten, werden meistens zusammengeschrieben.

nachdem · soweit · anstatt · sobald · sofern · soviel · soweit · sooft · sodass
*aber auch:* so dass

*Aufgepasst:* Eine Wortgruppe, die aus einer nicht flektierbaren Wortart und einem Adjektiv gebildet wird, wird hingegen getrennt geschrieben.

Kommt er tatsächlich **so bald** schon wieder zurück? · Seid ihr heute wirklich **so weit** gefahren? · Er hat es ihr schon **so oft** gesagt.

## Weitere Zusammensetzungen

| | |
|---|---|
| **Zusammenschreibung von Zahlen:** Ableitungen von **Grundzahlen** (Kardinalzahlen) auf *-er* schreibt man zusammen, wenn als zweiter Bestandteil ein Substantiv folgt. | die Achterbahn · die Zehnergruppe |
| *Aufgepasst:* In Verbindung mit *Jahr* kannst du auch getrennt schreiben. Du schreibst dann die Ableitung auf *-er* klein. | in den **Neunzigerjahren** – in den **neunziger Jahren** |
| **Als Wörter geschriebene Zahlen** schreibt man zusammen, wenn sie kleiner als eine Million sind. | neunzehnhundertneunundneunzig · achteinhalb · tausendsechsundsechzig |
| Als Wörter geschriebene Zahlen schreibt man getrennt, wenn sie größer als eine Million sind. | zehn Millionen fünfhunderttausend · zwei Millionen |
| Ableitungen von als Wort geschriebenen Zahlen und die entsprechenden Zusammensetzungen schreibt man ebenfalls zusammen. | achtfach · der Achtpfünder · die Achtziger · der Achteinhalbpfünder |
| Wenn **Bruchzahlen** auf *-tel* und *-stel* vor einer Maßangabe stehen, schreibt man sie entweder getrennt und klein oder zusammen und groß. | ein **v**iertel **K**ilogramm oder ein **V**iertelkilogramm · ein **z**ehntel **M**illimeter oder ein **Z**ehntelmillimeter |

## BESONDERS KNIFFLIG

**Straßennamen**

Man schreibt **zusammen,** wenn
- das erste Wort unverändert ist (1) oder
- aus Gründen des besseren Klangs *n, s* oder *en* eingeschoben wird (2).

(1) Schillerstraße · Neumarkt · Hochstraße
(2) Sperling**s**gasse

Man schreibt **mit Bindestrich,** wenn ein Straßenname durch mehr als ein Bestimmungswort gebildet wird.

Max-Weber-Platz · Niklas-Anzlinger-Allee

Man schreibt **getrennt,** wenn
- das erste Wort verändert ist (1) oder
- Präpositionen vorausgehen (2).

(1) Mannheim**er** Straße · Hohl**e** Gasse
(2) **Am** Neuen Markt

**Geografische Namen**

Ableitungen von geografischen Namen auf *-er* schreibt man mit dem nachfolgenden Substantiv **zusammen,** wenn sie Personen bezeichnen.

die **Schweizer**garde · der **Römer**brief

Ableitungen von geografischen Namen auf *-er* schreibt man vom folgenden Substantiv **getrennt,** wenn sie die geografische Lage bezeichnen.

die Walliser Alpen (die Alpen im Wallis/Schweiz) · der Frankfurter Flughafen

*Aufgepasst:* Es gibt geografische Namen, die keine Ableitung darstellen. Sie schreibt man **zusammen.**

der Brennerpass · die Glocknergruppe

## Für die Getrennt- und Zusammenschreibung bei *zu* gilt:

| Man schreibt **zusammen,** wenn ***zu*** beim Sprechen betont wird. | Man schreibt **getrennt,** wenn ***zu*** beim Sprechen nicht betont wird. |
|---|---|
| Der Teich wird **zufrieren.**<br>Die Post wird ihm die Ware **zusenden.** | Sie hasst es **zu frieren.**<br>Der Kinderkanal hört auf **zu senden.** |

## Getrennt- und Zusammenschreibung bei *nachdem/nach dem, seitdem/seit dem, indem/in dem*

| Man schreibt **zusammen,** wenn die Begriffe **als Konjunktion** gebraucht werden. | Man schreibt **getrennt,** wenn die Begriffe **als Präposition und Artikel** gebraucht werden. |
|---|---|
| **Nachdem** er gearbeitet hatte, spielte er. | **Nach dem** Essen spielt er. |
| **Seitdem** er spielte, arbeitete er nicht mehr. | **Seit dem** Spiel hat er nicht mehr gearbeitet. |
| **Indem** er spielte, hielt er sich gesund. | Es war keinerlei Spannung **in dem** Spiel. |

## Getrennt- und Zusammenschreibung bei *soviel/so viel, soweit/so weit*

| Man schreibt **zusammen,** wenn die Begriffe **als Konjunktion** gebraucht werden. | Man schreibt **getrennt,** wenn die Begriffe **als Adverb und Adjektiv** gebraucht werden. |
|---|---|
| **Soviel/soweit** ich weiß, lebt sie jetzt in Rom. | Das ist zu teuer, **so viel** kann ich nicht bezahlen.<br>**So weit** will ich nicht laufen. |

## Getrennt- und Zusammenschreibung bei Verb + Präposition je nach Bedeutung

Leider gibt es hierfür keine festen Regeln – da hilft nur, beim Schreiben immer mitzudenken.

| | |
|---|---|
| Der Fährmann **setzt** drei Passagiere **über** den Fluss. | Sie **übersetzt** die Verhandlung am Gericht ins Deutsche. |
| Die Schülerin **holt** sich ihren Radiergummi von der Lehrerin **wieder.** | Die Eltern wünschen, dass ihr Kind eine Klasse **wiederholt.** |
| Die Mutter **brach** den Keks in der Mitte **durch.** | Die Ganoven **durchbrachen** die Absperrung. |
| Der Autofahrer **fuhr** die Ampel **um.** | Der Busfahrer **umfuhr** den Stau. |
| Das Mädchen **schreibt** den Schulaufsatz **gut.** | Die Bank hat mir 1 Million Euro **gutgeschrieben.** |
| Der Pfarrer **hält** die Predigt **frei.** | Er freut sich darauf, morgen **freizuhaben.** |
| Der Politiker **sprach frei** ins Mikrofon. | Der Richter hat den Angeklagten **freigesprochen.** |
| Der Arzt bittet den Patienten, den Oberkörper **frei zu machen.** | Diesen Brief müssen Sie mit 55 Cent **freimachen**. |
| Die Lehrerin hat den Merksatz an der Tafel viel zu **klein geschrieben.** | Adjektive werden meistens **kleingeschrieben.** |
| Das Kleinkind kann in den neuen Schuhen schon ziemlich **sicher gehen.** | Sie will in dieser Sache **sichergehen.** |
| Die drei Freundinnen **fahren** jeden Morgen **zusammen** zur Schule. | Als der Schuss fiel, sind sie alle vor Schreck **zusammengefahren.** |

# 6 Schreibung mit Bindestrich

Ein Bindestrich ist kein Gedankenstrich! Der Bindestrich verbindet zwei Wörter miteinander, der Gedankenstrich dagegen ist ein Satzzeichen, das eine Pause oder ein Innehalten im Satz kennzeichnet (↑ S. 82 f.).

*Bindestrich:*
Feld- und Gartenfrüchte

*Gedankenstrich:*
Du kannst das Auto haben – und zwar geschenkt!

## Ziffern, Einzelbuchstaben und Abkürzungen

Ein Bindestrich verbindet zusammengehörende Wörter oder Wortteile miteinander.

**Zusammensetzungen von Wörtern mit Ziffern und Einzelbuchstaben** werden durch einen Bindestrich miteinander verbunden.
Verbindungen mit *-fach* können ebenfalls mit Bindestrich geschrieben werden.

**1**-zeilig · **17**-jährig · der **x**-te Versuch · der **i**-Punkt · ein **5:2**-Sieg

8fach/8-fach · das 8fache/8-Fache

### Abkürzungen und Formelzeichen

**Zusammensetzungen mit Abkürzungen** schreibt man mit Bindestrich.

**Kfz**-Papiere · **km**-Zahl · Musik-**CD** ·

| | |
|---|---|
| Das gilt auch für Zusammensetzungen, deren Bestandteile abgekürzt sind. | röm.-kath. · Dipl.-Ing. |
| **Zusammensetzungen von Formelzeichen mit Wörtern** schreibt man mit Bindestrich. | **$CO_2$**-gesättigt · **$H_2O$**-haltig |

## Mehrgliedrige Zusammensetzungen

| | |
|---|---|
| Bei **mehrgliedrigen Zusammensetzungen mit Einzelbuchstaben, Ziffern oder Abkürzungen** musst du zwischen allen Bestandteilen einen Bindestrich setzen. | **A**-Dur-Tonleiter · **S**-Bahn-Wagen · **800**-Jahr-Feier · **2**-Euro-Münze · Vitamin-**B**-haltig |
| Bildet eine **Verbindung aus Ziffern und Nachsilbe** den ersten Teil einer Zusammensetzung, so setzt du nur nach der Nachsilbe einen Bindestrich. | die **61er-**Bildröhre · eine **5er-**Gruppe · die **68er-**Generation · die **3fach-**Belegung |
| Bei einer **Verbindung aus Ziffer, Zeichen und Wort,** steht der Bindestrich nur zwischen Zeichen und Wort. | **5 %-**Klausel · **20 °-**Marke |
| Bei **Abkürzungen und Ziffern,** auf die nur eine Endung folgt, darfst du keinen Bindestrich setzen. | ein 32stel · 100%ig · SPDler |

6

## Aneinanderreihungen

**Zusammensetzungen** können Bestandteile enthalten, die auf eine **Wortgruppe** zurückzuführen sind. Solche Zusammensetzungen musst du als Ganzes mit Bindestrich versehen.

das Kopf-an-Kopf-Rennen · das Abend-Make-up · das Nord-Süd-Gefälle · der Magen-Darm-Katarrh

**Infinitive mit mehr als zwei Bestandteilen**, die im Satz wie ein Substantiv gebraucht werden, schreibt man mit Bindestrich.

zum Aus-der-Haut-Fahren · das In-Betrieb-Nehmen

### Ergänzungsstrich

Der Ergänzungsstrich (Ergänzungsbindestrich) wird gesetzt, wenn in Zusammensetzungen ein gleicher Bestandteil nur einmal genannt wird.

Feld- und Gartenfrüchte · Geld- und andere Sorgen · Ein- und Ausgang

## Übersichtlichkeit und Hervorhebung

Zur **Hervorhebung** einzelner Bestandteile von Zusammensetzungen und Ableitungen kann ein Bindestrich gesetzt werden.

die Ich-Sucht (*oder:* Ichsucht) · der Ich-Erzähler (*oder:* Icherzähler) · die Soll-Stärke (*oder:* Sollstärke)

In **unübersichtlichen Zusammensetzungen** kannst du einen Bindestrich setzen.
Beim **Zusammentreffen von drei gleichen Buchstaben** kannst du ebenfalls einen Bindestrich setzen.

Lotto-Annahmestelle · Desktop-Publishing

Kaffee-Ersatz · Schwimm-Meisterschaft

## Zusammensetzungen mit Eigennamen

Bei Zusammensetzungen mit **mehrteiligen Eigennamen** musst du zwischen allen Bestandteilen einen Bindestrich setzen.

die Albrecht-Dürer-Allee · der Elbe-Havel-Kanal · das Goethe-Schiller-Archiv · das Karl-May-Denkmal · die Johannes-Gutenberg-Schule



Wenn in einer Zusammensetzung ein **einfacher Eigenname oder ein geografischer Name** an erster Stelle steht, kannst du einen Bindestrich setzen, um den Namen **hervorzuheben.**

die Goethe-Ausgabe (*oder:* die Goetheausgabe) · das Nil-Delta (*oder:* das Nildelta) der Irak-Krieg (*oder:* der Irakkrieg)

*Aufgepasst:* Mehrteilige Zusammensetzungen werden gekoppelt (↑ S. 68).

Rhein-Main-Flughafen

# 7 Fremdwörter

## Schreibung und Aussprache

**Grundsätzlich gilt:**

Im Deutschen gibt es viele Wörter, die ursprünglich aus anderen Ländern und Sprachen stammen. Man nennt sie Fremdwörter. Für einige gibt es deutsche Entsprechungen, andere sind fester Bestandteil der deutschen Sprache. Sie werden häufig ganz anders geschrieben als gesprochen.

Rhapsodie · Apotheke · Sympathie · Medaille · Etage · Ingenieur

Fremdwörter

- werden häufig **mit *ph, rh, th* oder *y*** geschrieben,

  **Ph**y**s**ik · **Rh**euma · **Rhyth**mus · **Th**eater · L**y**rik

- enden häufig auf ***ie,***

  Demokrat**ie** · Homöopath**ie**

- haben im Wortinnern meistens nur ein **einfaches *i*.**

  Masch**i**ne · Law**i**ne

Schreibung und Aussprache eines Fremdworts richten sich in den meisten Fällen nach der Schreibung und Aussprache im Herkunftsland.

Team = [ti:m]
Restaurant = [restoˈrã:]

In Fremdwörtern aus dem Lateinischen und Französischen wird *ti* wie [ts] ausgesprochen.

Nation = [naˈtsi̯õːn]

## Angleichung ans Deutsche

Werden Fremdwörter oft gebraucht, gleichen sie sich in ihrer Schreibung häufig der deutschen Sprache an.

| | | | | | |
|---|---|---|---|---|---|
| Telephon | → | Telefon | Phantasie | → | Fantasie |
| Friseur | → | Frisör | Nougat | → | Nugat |
| Joghurt | → | Jogurt | Graphik | → | Grafik |
| Cousine | → | Kusine | Spaghetti | → | Spagetti |

Die Silben ***phon/phot/graph*** können im Deutschen auch mit *f* geschrieben werden.

**Ph**oto – **F**oto · Gra**ph**iker – Gra**f**iker

*Aufgepasst:* Aus ***th*** kann nur in zwei Fällen ein einfaches ***t*** werden.

Pan**th**er – Pan**t**er · **Th**unfisch – **T**unfisch



## Pluralbildung

Fremdwörter bilden den Plural auf verschiedene Weise:

- durch Anhängen von ***e*** oder ***s*** oder

  Telefon – Telefon**e** · Restaurant – Restaurant**s**

- durch Anhängen von ***en***.

  Motor – Motor**en**

*Aufgepasst:* Einige Wörter bilden mehrere Pluralformen, die korrekt sind.

Glob**usse** – Glob**en** · Pizz**as** – Pizz**en**

# Herkunft

## Fremdwörter aus dem Englischen und Amerikanischen

Um Rechtschreibfehler zu vermeiden, beachtest du am besten die folgenden Regeln:

- *ee* wird als langes *i* gesprochen, — T**ee**nager · J**ee**p
- *ea* ebenfalls meist als langes *i*, — J**ea**ns · Fr**ea**k
  *Ausnahme:* Sweatshirt
- *y* wird *ei* gesprochen, — B**y**te · Rec**y**cling
- *i* wird ebenfalls oft *ei* gesprochen. — Des**i**gn · H**i**ghl**i**ght

## Fremdwörter aus dem Französischen

Um Rechtschreibfehler zu vermeiden, beachte folgende Regeln:

- *ou* wird wie ein deutsches *u* gesprochen. — S**ou**venir · T**ou**rist · C**ou**sine
- *ai* wird ähnlich dem deutschen *ä* gesprochen. — Pal**ai**s · S**ai**son
- *ill* wird als [lj] oder [ij] gesprochen. — Meda**ill**e · Ta**ill**e
- *eu* wird *ö* gesprochen. — Ingeni**eu**r
- *g* wird als [ʒ] gesprochen, wenn es vor *e* oder *i* steht. — Gara**g**e · Passa**g**ier

## Fremdwörter aus dem Lateinischen

Ein großer Teil unseres Wortschatzes stammt aus dem Lateinischen. Solche Wörter enden häufig auf: *-ion, -ant, -al, -us, -tät, -um* oder *-or.*

Un**ion** · Konso**nant** · sozi**al** · Exi**tus** · Universi**tät** · Publik**um** · Profess**or**

### Fremdwörter aus dem Griechischen

Fremdwörter aus dem Griechischen werden häufig mit *ph, rh, th* oder *y* geschrieben.

Al**ph**abet · **Ph**arao · **Rh**euma · Apo**th**eke · **Th**ema · T**y**rann · S**y**stem

## Zusammengesetzte Fremdwörter

**Groß- und Kleinschreibung:**
Bei zusammengesetzten Fremdwörtern, die wie ein Substantiv gebraucht werden, schreibt man das erste Wort sowie weitere substantivierte Bestandteile der Fügung oft groß.

**M**idlife-**C**risis · **F**ulltime-**J**ob · **W**alkie-**T**alkie

*Aufgepasst:* Feste adverbielle Fügungen, die Fremdwörter enthalten, werden kleingeschrieben.

**a cappella** singen · **de facto** anerkennen

**Getrennt oder zusammen?**

- Zusammengesetzte Fremdwörter werden zusammengeschrieben. Zur besseren Lesbarkeit kannst du auch ein Bindestrich (↑ S. 69) setzen.

Deskto**pp**ublishing oder Deskto**p-P**ublishing · Scienc**ef**iction oder Scienc**e-F**iction

- Aneinanderreihungen und Zusammensetzungen aus (englischsprachigen) Wortgruppen schreibt man mit Bindestrich.

Rooming-in · Stand-by · Knock-out · No-Future-Generation

- Du kannst zusammenschreiben, wenn die Wörter lesbar bleiben.

Knockout · Standby

Man unterscheidet Lehnwörter und Fremdwörter. Lehnwörter sind aus einer fremden Sprache entlehnte Wörter, die sich in ihren Lauten und Formen wie einheimische Wörter weiterentwickelt haben. Fremdwörter dagegen erkennt man meist daran, dass sie sich nicht vollständig an das Deutsche angepasst haben, sondern in Schreibung, Betonung und Aussprache von deutschen Wörtern abweichen.

**Fremdwörter aus dem Lateinischen**

Sie (↑ S. 72) stammen häufig aus den Bereichen Wissenschaft, Kunst und Militärwesen:

Kollision · Konstruktion · Demonstrant · Quartal · sozial · Lokal · kolossal · Fakultät · Qualität · Universität · Exitus · Publikum · Linoleum · Petroleum · Doktor · Professor · Villa · November · Vase · Violine · Vulkan · Nervosität · Veilchen · Nerven · Diktat · Musik · Fabrik · Insekt · Lektüre · perfekt · Doktor · Akkusativ · Akklamation

**Fremdwörter aus dem Griechischen**

Sie (↑ S. 73) stammen häufig aus den Bereichen Wissenschaft und Kultur:

Alphabet · Pharmazie · Prophet · Rheuma · Rhombus · Rhythmus · Rhapsodie · Theke · Theater · Methode · Thema · Apotheke · Pyramide · System · Sympathie

**Fremdwörter aus dem Französischen**

Sie (↑ S. 72) stammen häufig aus den Bereichen Mode, Kultur und Gastronomie:

Ragout · Omelette · Biskuit · Fondue · Bouillon · Restaurant · Souvenir · Tourist · Cousine · Palais · Terrain · Saison · Medaille · Monteur · Etage · Spionage

## Fremdwörter aus dem Englischen

Sie (↑ S. 72) stammen oft aus den Bereichen Sport, Jugend, Gesellschaft und Technik:

Match · Handicap · Weekend · Fan · Teenager · Spleen · Jeep · Gangster · Safe · Baby · Playboy · Lunch · Trenchcoat · Sandwich · Hobby · Story · Party · Whisky · Lobby · Tuning

*Aufgepasst:* Wörter, die im Englischen auf *y* enden, bilden im Deutschen den Plural auf *ys: Partys · Hobbys · Babys*

## Fremdwörter aus dem Italienischen

Sie stammen häufig aus den Bereichen Musik, Handel und Kunst:

Klarinette · brutto · netto · Rabatt · Pizza · Skizze · Intermezzo · Risiko · Fresko · bravo · Giro · Konto · Solo · Cello

## Fremdwörter aus anderen Teilen der Welt

- Aus dem **Arabischen:**

Admiral · Albatros · Algebra · Alkohol · Beduine · Benzin · Elixier · Haschisch · Islam · Karaffe · Minarett · Safran · Scheich · Sirup · Sofa · Tarif · Ziffer · Zenit

Häufig bezeichnen die Fremdwörter Dinge, die aus einer anderen Kultur Eingang in unseren Alltag gefunden haben:



- Aus dem **Japanischen**:

Bonsai (Zwergbaum) · Ikebana (Blumensteckkunst)

- Aus dem **Chinesischen**:

der Wok (besonderer Kochtopf) · der Kotau (Kniefall)

- Aus dem **Indischen**:

der Dschungel · der Ingwer · der Bungalow

- Aus den **australischen Sprachen**:

der Bumerang · das Känguru · der Koala

# 8 Worttrennung

## Trennung von einfachen Wörtern

**Grundsätzlich gilt:**

Für die Trennung von Wörtern am Zeilenende gibt es zwei Grundregeln, die du dir ganz einfach merken kannst:

- **Einfache Wörter** werden nach Sprechsilben getrennt.

  le-sen · Freun-de · wei-ter

- **Zusammengesetzte Wörter** (↑ S. 79) werden nach ihren Bestandteilen getrennt.

  Schnee-pflug · Tür-schloss

**Einsilbige Wörter** kann man nicht trennen.

Hahn · Schnee · Hund

**Mehrsilbige einfache Wörter** trennt man nach **Sprechsilben** – also so, wie sie sich beim langsamen Vorlesen in einzelne Silben zerlegen lassen.

Bal-kon · Ho-tel · Pla-net · Re-gel

Ein **einzelner Vokal am Wortanfang** wird nicht abgetrennt.

Ader · Igel · Uhu · übel

Einen **einzelnen Vokal am Wortende** trennt man ebenfalls nicht ab.

die Boa · das Deo

| | |
|---|---|
| Steht ein **einzelner Konsonant zwischen zwei Vokalen,** so kommt er in die nächste Zeile. | sa-**g**en · der Kri-**m**i · die Fra-**g**e · glau-**b**en |
| Folgen **mehrere Konsonanten** aufeinander, dann trennt man nur den letzten ab. | die Kno**s-p**en · der Stä**d-t**er · fü**l-l**en · en**g-l**isch · Ho**ff-n**ung · wa**ch-s**en · er zu**ck-t**e der Hu**s-t**en · der Ka**s-t**en · die Ka**t-z**e · |
| Stehen die Buchstabenverbindungen *ch, sch, ph, rh* und *th* oder ein *ß* für einen **einzelnen Laut,** so trennt man sie nicht. | Bü-**ch**er · Fä-**ch**er · Ta-**sch**e · Phos-**ph**or · Myr-**rh**e · Zi-**th**er · Ma-**th**e · Grü-**ß**e |
| Das Gleiche gilt ebenso für *ck.* Präge dir den Merksatz ein: Wer ***ck*** trennt, wird aufgehängt! | der Dru-**ck**er · der Zu-**ck**er · ste-**ck**en |
| **Trennung von *ss:*** Steht *ss* als Ersatz für *ß* (z. B. bei Großbuchstaben), dann wird zwischen den beiden *s* getrennt. | GRÜ**S-S**E (statt Grü-ße) · HEI**S-S**EN (statt hei-ßen) |
| Die **Diphthonge *ai, au, äu, ei, eu*** und ***oi*** werden nicht getrennt. | K**ai**-ser · Tr**au**-ung · st**au**-ben · R**äu**-ber · H**äu**-ser · **ei**-nig · **Eu**-le · Br**oi**-ler · Sp**oi**-ler |

| | |
|---|---|
| Beginnt eine Nachsilbe mit einem Vokal, so „nimmt" sie bei der Trennung den vorhergehenden Konsonanten mit in die nächste Zeile. | die Stürme-**rin** · die Metzge-**rei** · die Räube-**rei** · die Einla-**dung** · die Gestal-**tung** · da-**rauf** · hi-**nauf** |

## Trennung von Fremdwörtern

**Grundsätzlich gilt:**

| | |
|---|---|
| Fremdwörter können entweder nach den Regeln der Herkunftssprache oder nach den deutschen Regeln getrennt werden. | Pub-li-kum oder Pu-bli-kum · Dip-lom oder Di-plom · Mag-net oder Ma-gnet · Zyk-lus oder Zy-klus · Päd-agoge oder Pä-da-goge |
| Die Konsonantenverbindungen ***ph, rh*** und ***th*** werden in Fremdwörtern nicht getrennt. | Stro-**ph**e · ka-**th**o-lisch · Myr-**rh**e |
| In Wörtern aus dem Französischen bleibt die Buchstabenkombination *oi* besser ungetrennt. | P**oi**n-te · Me-m**oi**-ren · S**oi**-ree |
| Fremdwörter, die aus zwei Wörtern oder einer Vorsilbe und einem Fremdwort zusammengesetzt sind, werden in ihren Bestandteilen getrennt. | Game-show · Joint-venture · Week-end · Milk-shake |

# Trennung zusammengesetzter Wörter

**BESONDERS KNIFFLIG**

**Zusammengesetzte Wörter und Wörter mit Vorsilben** werden nach ihren Bestandteilen getrennt:

der Stadt-staat · der Kahl-schlag · brand-neu · be-stimmt

*Aufgepasst:* Achte auf die **Trennung von *st!*** Diese Konsonantenverbindung tritt häufig in der Wortfuge (dort, wo in Zusammensetzungen die einzelnen Wörter aufeinander treffen) auf. Die Trennung richtet sich immer nach den ursprünglichen Wörtern:

die Buch-stütze · der Diens-tag

Die einzelnen **Bestandteile von zusammengesetzten Wörtern** trennt man wie einfache Wörter:

Kon-zert-di-rek-tor · be-rich-ten · Bio-ton-ne · Des-il-lu-si-on · Schwimm-meis-ter · Vi-deo-clip

Wird ein **Wort nicht mehr als Zusammensetzung erkannt oder empfunden,** so ist auch die Trennung nach Sprechsilben richtig:

wa-rum oder war-um · in-te-res-sant oder in-ter-es-sant · ei-nan-der oder ein-an-der · Pä-da-go-gik oder Päd-ago-gik

**Trennungen, die** zwar den Regeln entsprechen, aber **beim Lesen stören oder den Wortsinn entstellen,** solltest du vermeiden.
Die Trennhilfe im Textverarbeitungsprogramm deines PC findet solche oftmals irreführenden Trennungen nicht:

be-inhalten statt bein-halten · Spar-gelder statt Spargel-der · Ur-insekt statt Urin-sekt

# 9 Zeichensetzung

## Satzschlusszeichen

Das Ende eines Satzes wird durch ein Satzschlusszeichen kenntlich gemacht. Mithilfe von **Punkt, Frage- oder Ausrufezeichen** wird jeder Text übersichtlicher und leichter lesbar.

### Punkt

Am **Ende eines abgeschlossenen und vollständigen Satzes,** der aus mindestens einem Subjekt und einem Prädikat bestehen muss, steht ein Punkt. Der folgende Satz beginnt wieder mit einem Großbuchstaben.

Sie lernt**.** · Es wird Frühling**.** · Wir freuen uns auf euren Besuch**.**

*Aufgepasst:* Nach einer Überschrift steht kein Punkt.

*Neue Erkenntnisse*
Untersuchungen haben ergeben …

### Ausrufezeichen

**Ausrufe, Aufforderungen, Befehle** und **Anreden** werden mit einem Ausrufezeichen abgeschlossen.

Tor**!** Tor**!** · Verlassen Sie sofort das Spielfeld**!** · „Liebe Kolleginnen und Kollegen**!**“

Auch **besonders wichtige Aussagen** können durch den Gebrauch eines Ausrufezeichens hervorgehoben werden.

Der Bräutigam am Hochzeitstag: „Ich bin der glücklichste Mann der Welt**!**“ · Welch ein Glück**!**

### Fragezeichen

Es gibt **Fragen,** die **mit einem Fragewort** *(wer? wie? was? wo? weshalb? warum?* etc.) beginnen, und so genannte **Satzfragen,** die sich durch ihre Wortstellung von einem Aussagesatz unterscheiden.
Bei einer Satzfrage steht die Personalform (die konjugierte Form) des Verbs an erster Stelle.
Beide Arten von Fragen werden mit einem Fragezeichen abgeschlossen.

**Wo** lebst du**?** · **Was** machst du da**?** · **Warum** gehst du schon**?**

**Siehst** du den Regenbogen nicht**?** · **Wohnst** du noch dort**?**

## Weitere Satzzeichen

Um Texte zu strukturieren, gibt es neben Punkt, Frage- und Ausrufezeichen noch das Semikolon, den Doppelpunkt, Anführungszeichen, den Gedankenstrich, den Apostroph, Klammern und natürlich das Komma (Kommaregeln ↑ S. 84 ff.).

## Semikolon

Das Semikolon (Strichpunkt) trennt zwei Teilsätze stärker voneinander als ein Komma, ist aber schwächer als ein Punkt.

In der Schule war niemand**;** da war kein Schüler und auch kein Lehrer.

## Doppelpunkt

Ein Doppelpunkt kündigt an, dass auf einen Satz noch etwas folgt, z. B. eine direkte Rede, eine Zusammenfassung, eine Folgerung usw.

Die Tante fragt**:** „Was wünschst du dir zum Geburtstag?“ · Diagnose**:** Lungenentzündung

## Anführungszeichen

Anführungszeichen stehen vor und hinter **wörtlich wiedergegebenen Äußerungen und Gedanken** (direkte Rede).

Sie sagte: **„**Hier gefällt es mir.**“**

Auch wörtlich wiedergegebene **Zitate** werden in Anführungszeichen gesetzt.

**„**Wenn es doch vorbei wäre**“**, dachte Petra.

## Gedankenstrich

Ein **einfacher Gedankenstrich** kündigt etwas Folgendes, oft etwas Unerwartetes an.

Hier hilft nur noch eins – sofort operieren!

Ein Gedankenstrich zwischen Sätzen zeigt häufig den Wechsel des Themas oder Sprechers an.

„Mein Sohn, was ist passiert?“ – „Ach, Vater …“

Mit **paarigen (doppelten) Gedankenstrichen** kann man Zusätze oder Nachträge deutlich vom übrigen Text abgrenzen.

Dieses Bild – es ist das bekannteste der Düsseldorfer Künstlerin – wurde vor einigen Jahren verkauft.

## Apostroph

Der Apostroph zeigt an, dass in einem Wort ein oder mehrere Buchstaben ausgelassen worden sind. Bei der schriftlichen Wiedergabe von gesprochener Sprache kann ein Apostroph dort gesetzt werden, wo es im Mündlichen zu Auslassungen kommt.

’s ist schon spät. · Bist du ’s, mein Schatz?

So ’n Blödsinn! · Da fährt sich ’s schlecht.

## Klammern

Mit Klammern kann man **Zusätze und Nachträge** deutlich vom übrigen Text abgrenzen. Das gilt auch für längere Abschnitte.
*Aufgepasst:* Satzzeichen, die zum eingeklammerten Text gehören, stehen vor der schließenden Klammer.
Werden **ganze Sätze** eingeklammert, dann stehen auch die Satzzeichen in der Klammer.

Frankfurt (Main) · Den Antrag sollten Sie vollständig ausgefüllt (bitte deutlich schreiben!) zurücksenden.
Als Hauptwerk Grünewalds gelten die Gemälde des Isenheimer Altars. (Der genaue Zeitpunkt ihrer Vollendung ist umstritten.)

# Regeln zur Kommasetzung

**Grundsätzlich gilt:**

Das Komma trennt Wörter, Wortgruppen oder Teilsätze voneinander oder vom übrigen Text des Satzes ab.

**Komma zwischen Hauptsätzen**

Zwei **gleichwertige Hauptsätze,** trennt man durch Komma voneinander.

Morgens regnete es**,** gegen Mittag kam dann die Sonne hervor.

*Aufgepasst:* Wenn die Sätze durch *und, oder, beziehungsweise, entweder ... oder, nicht ... noch, weder ... noch* verbunden sind, kannst du ein Komma setzen, um die Gliederung des Satzes deutlich zu machen.

Morgens regnete es[**,**] und gegen Mittag kam dann die Sonne hervor.

**Komma zwischen Haupt- und Nebensatz**

Ein Nebensatz wird durch ein Komma vom Hauptsatz abgetrennt. Um Haupt- und Nebensätze zu unterscheiden, musst du Folgendes wissen:

- Hauptsätze können allein stehen.
- Nebensätze können nicht allein stehen.

Mein Magen knurrt, weil ich Hunger habe. · Wenn ich Lust habe, gehe ich ins Kino.

Hauptsatz und Nebensatz werden durch **Konjunktionen** miteinander verbunden. Einen Nebensatz erkennst du auch daran, dass die konjugierte Form des Verbs am Ende steht.

Sie mag Mathe, **obwohl** sie immer wieder schlechte Noten schreibt.

Werden **gleichrangige Wörter und Wortgruppen** durch eine der folgenden Konjunktionen verbunden, so setzt man generell kein Komma: *und, oder, beziehungsweise/respektive, entweder ... oder, nicht ... noch, sowie, sowohl ... als auch, weder ... noch, wie.*

Sie wird schon wissen, wem sie vertrauen kann_ und wem sie besser nichts erzählt. · Er stand auf_und ging. · Anna liest ein Buch_und Felix eine Zeitschrift.

Bei allen anderen Konjunktionen, die nicht oben genannt sind, gilt die Grundregel, dass zwischen gleichrangigen Wörtern und Wortgruppen ein Komma steht.

Wir waren arm, aber gesund. · Das war kein Pkw, sondern ein Lastwagen.

## Komma in Nebensätzen

Das Komma trennt auch mehrere **gleichrangige Nebensätze** voneinander.

**Wenn** das wahr ist**, wenn** du ihn wirklich nicht gesehen hast**,** dann musst du dir keine Vorwürfe machen.

## Komma bei Partizipgruppen

Partizipgruppen können durch Komma abgetrennt werden, um die Gliederung des Satzes deutlich zu machen.

Das ist[,] **grob gerechnet**[,] die Hälfte. · Er fiel[,] **von einer Kugel getroffen**[,] vom Pferd.

Partizipgruppen werden mit Komma abgetrennt, wenn sie mit einem hinweisenden Wort angekündigt oder als nachgestellter Zusatz anzusehen sind.

Genau **so,** mit viel Salami belegt**,** hat er die Pizza am liebsten. · Er**, tödlich getroffen,** fiel vom Pferd.

## Komma bei Infinitivgruppen

Eine Infinitivgruppe musst du durch Komma abtrennen,

- wenn sie mit *um, ohne, [an]statt, außer* oder *als* eingeleitet wird,

  Sie musste sich beherrschen, **um** nicht laut zu lachen.

- wenn sie von einem Substantiv abhängt,

  Er hatte keine **Lust,** Mathe zu lernen.

- wenn sie mit einem hinweisenden Wort angekündigt wird.

  Ihr Plan ist **es,** nächstes Jahr nach Japan zu reisen.

Wenn im Satz der bloße Infinitiv mit *zu* missverständlich ist, setzt du besser ein Komma.

Wir empfehlen[,] ihm zu folgen. *Oder:* Wir empfehlen ihm[,] zu folgen.

## Komma in Aufzählungen

Das Komma trennt die einzelnen Glieder einer Aufzählung voneinander.

Tick**,** Trick **und** Track sind die Neffen von Donald Duck.

*Aufgepasst:* Kein Komma steht, wenn die Glieder einer Aufzählung mit ***und, oder, sowie*** verbunden sind.

Sie wirkte ruhig, gelassen, entspannt **und** fröhlich.

## Komma bei Zusätzen und Erläuterungen

Das Komma trennt nachgestellte Erklärungen vom Hauptsatz ab. Sie werden häufig durch bestimmte Wörter eingeleitet:
*und zwar, vor allem, nämlich, zum Beispiel, z. B., insbesondere* u. a.

Sie liest viel**,** vor allem Krimis.

Eingeschobene Zusätze werden von Kommas eingeschlossen.

Beim nächsten Treffen**, also am Donnerstag,** …

## Komma bei Apposition

Das Komma trennt eine nachgestellte Apposition (Beisatz) vom Hauptsatz ab; eingeschobene Appositionen werden von Kommas eingeschlossen.

Das ist Michael, mein Bruder.
Beate, unsere Klassensprecherin, beschwert sich beim Lehrer.

*Aufgepasst:* Wenn der Beisatz Teil des Namens ist, steht kein Komma (↑ S. 33).

Heinrich der Löwe wurde …

## Weitere Kommasetzungen

Satzteile, auf die ein Wort besonders hinweist und die auf diese Weise hervorgehoben werden, grenzt man ebenfalls durch Komma vom übrigen Satz ab.

Deine Mutter**, die** habe ich gut gekannt. · Nur **er,** der Kommissar selbst, konnte der Täter gewesen sein.

**Anrede und Ausruf** werden durch ein Komma vom Satz getrennt. Das gilt auch für die briefliche Anrede.

**Mutti,** dein Kuchen schmeckt lecker! · **He,** lass mich endlich in Ruhe! · **Hallo, liebe Doro,** wie geht es dir?

**direkte Rede:**
Folgt auf eine wörtliche Rede ein Nachsatz, dann musst du ein Komma setzen.
*Aufgepasst:* Vergiss nicht, die direkte Rede in Anführungszeichen zu setzen.

„Ich gehe heim“**,** sagte er. · „Warum bleibst du nicht?“**,** fragte sie.

**indirekte Rede:**
Die indirekte Rede wird durch Komma vom Hauptsatz abgetrennt.
*Aufgepasst:* Die indirekte Rede steht im Konjunktiv, du kannst sie also leicht erkennen.

Er **habe** nicht abgeschrieben**,** beteuerte Nico. · Ich fragte mich**,** ob das die beste Lösung **sei.** · Der Lehrer sagt**,** er **sei** heute gut gelaunt.

## Komma bei Datum und Adresse

Mehrteilige Datums- und Zeitangaben gliedert man durch Kommas.

Die Sitzung findet am Freitag**, den 25. Juli, um 14 Uhr**[,] im großen Besprechungszimmer statt.

Mehrteilige Wohnungsangaben werden ebenfalls durch Kommas gegliedert.

Frau Schmitt ist von Bonn**, Königstraße 20**[**,**] nach Mannheim**, Eberbacher Platz 14**[**,**] umgezogen.

## Komma bei Literaturangaben

Mehrteilige Literaturangaben gliedert man durch Kommas.

Ich zitiere aus dem Brockhaus, **20. Auflage, Band 14.**

Bei Datums-, Wohnungs- und Literaturangaben kann das schließende Komma vor der Weiterführung des Satzes entfallen, da man solche Angaben als Aufzählungen oder als Fügungen mit Beisatz auffassen kann.

Der Artikel ist im „Spiegel“, Heft 48, 1997, S. 25[**,**] erschienen.

*Aufgepasst:* Bei Hinweisen auf Gesetze, Verordnungen usw. setzt man jedoch kein Komma.

Wir beziehen uns auf § 326 Abs. 2 Satz 2 des Bundesgesetzbuchs.

**zwischen gleichrangigen Hauptsätzen**

Morgens regnete es, gegen Mittag kam dann die Sonne hervor.

**zwischen Haupt- und Nebensatz**

Mein Magen knurrt, weil ich Hunger habe.

**bei Aufzählungen**

Feuer, Wasser, Erde, Luft

**bei Zusätzen und Erläuterungen**

Es gibt vier Jahreszeiten, nämlich Frühling, Sommer, Herbst und Winter.
Bei unserer nächsten Konferenz, also am Donnerstag, werden wir die Zeugnisnoten diskutieren.

**bei Apposition**

Das ist Sophie, meine Schwester. Edda, ihre Mutter, ist eine leidenschaftliche Köchin.

**Das Komma muss stehen:**

**bei Infinitiven mit *um, ohne, [an]statt, außer, als* sowie mit hinweisendem Wort**

Sie ging ins Haus, um zu telefonieren.
Dieser Gedanke, einfach alles aufzugeben, ließ ihn nicht mehr los.

**bei Hervorhebung, Anrede und Ausruf**

Ach, Marion, war das ein Tag!

**bei direkter Rede**

„Es ist schon spät“, stellte die Mutter fest. „Ins Bett mit euch, Kinder!“

**bei indirekter Rede**

Sie habe viel gelernt, sagte Lisa.

**bei Datums-, Orts- und Wohnungsangaben**

Mannheim, den 25. April · Sie wohnt in Berlin, Kurfürstenstraße 45, Stadtteil Mitte.

| Fachausdruck | Erklärung | Beispiel |
|---|---|---|
| **Ableitung** | Bildung eines Wortes durch Veränderung der Laute | er gibt → geben |
| **Adjektiv** | Wiewort, Eigenschaftswort | groß |
| **Adverb** | Umstandswort | dort, bald |
| **Akkusativ** | 4. Fall | das Kind |
| **Anlaut** | Laut zu Beginn eines Wortes | **V**ogel |
| **Anredepronomen** | Anredefürwort | du, Sie |
| **Apposition** | Erweiterung eines Substantivs durch ein Substantiv im gleichen Fall | Peter, **unser Klassensprecher,** ist krank. |
| **Artikel** | Begleiter, Geschlechtswort | der, die, das; ein, eine, ein |
| **Auslaut** | Laut am Ende eines Wortes | bra**v** |
| **Dativ** | 3. Fall | dem Kind |
| **Deklination, deklinieren** | Beugung des Substantivs | der Duden, des Dudens |
| **Demonstrativpronomen** | hinweisendes Fürwort | dieser, jener, der, die, das |
| **Diphthong** | Doppellaut, Zwielaut | ei, au |
| **Genitiv** | 2. Fall | des Buches |
| **Homophone** | gleich klingende Wörter, die verschieden geschrieben werden | Buch**seite** – Gitarren**saite** |
| **Imperativ** | Befehlsform | lies! |
| **Imperfekt** | Vergangenheit | ich lernte |
| **Infinitiv** | Grundform | lernen |
| **Inlaut** | Laut im Inneren eines Wortes | ner**v**ös |
| **Interjektion** | Ausrufewort; drückt Empfindungen aus, dient als Anruf, ahmt Laute nach | ach!, oh!, heda!, platsch! |

| Fachausdruck | Erklärung | Beispiel |
|---|---|---|
| **Kasus** | Fall | 2. Fall: des Kindes |
| **Komparativ** | 1. Steigerungsstufe | schöner |
| **Kompositum, Komposita** | zusammengesetztes Wort | Fuß + Ball = Fußball |
| **Konjugation, konjugieren** | Beugung des Verbs | ich lese, du liest usw. |
| **Konjunktion** | Bindewort | und, dass |
| **Konsonant** | Mitlaut | b, d, f usw. |
| **Nominativ** | 1. Fall | das Kind |
| **Numerale** | Zahlwort, Zahladjektiv | eins, viele, manche |
| **Numerus** | Zahl | Plural von Kuh: Kühe |
| **Partizip** | Mittelwort | lachend, gelacht |
| **Plural** | Mehrzahl | die Bücher |
| **Possessiv-pronomen** | besitzanzeigendes Fürwort | mein, dein |
| **Präfix** | Vorsilbe | **Miss**geschick |
| **Präposition** | Verhältniswort | in, an, hinter |
| **Pronomen** | Fürwort | ich, mein, dieser |
| **Reflexiv-pronomen** | rückbezügliches Fürwort | mich, dich, sich |
| **Relativpronomen** | bezügliches Fürwort | der, die, das; welcher, welche, welches |
| **Singular** | Einzahl | das Buch |
| **Substantiv** | Nomen, Dingwort, Hauptwort, Namenwort | die Schülerin |
| **Suffix** | Nachsilbe | fröh**lich** |
| **Superlativ** | 2. Steigerungsstufe, Höchst- oder Meiststufe | schönste |
| **Tempus** | Zeit | (bringen) brachte |
| **Umlaut** | Aufhellung von Vokalen | ä, ö, ü |
| **Verb** | Tätigkeitswort, Tunwort, Zeitwort | lernen |
| **Verhältniswort** | stellt eine Beziehung zwischen Ausdrücken her | Ich liege auf dem Sofa. |
| **Vokal** | Selbstlaut | a, e, i, o, u |

**Bibliografische Information der Deutschen Bibliothek**
Die Deutsche Bibliothek verzeichnet diese Publikation in der Deutschen Nationalbibliografie; detaillierte bibliografische Daten sind im Internet über http://dnb.ddb.de abrufbar.

Das Wort **Duden** ist für den Verlag Bibliographisches Institut & F. A. Brockhaus AG als Marke geschützt.

2., aktualisierte Auflage
Nach den ab 1. 8. 2006 gültigen Rechtschreibregeln.



*Redaktionelle Leitung* Heike Krüger-Beer
*Redaktion* Jürgen Folz, Claudia Fahlbusch, Marion Krause
*Autorin* Birgit Hock

*Herstellung* Annette Scheerer
*Typografisches Konzept* Horst Bachmann
*Illustrator* Peter Lohse, Büttelborn
*Umschlaggestaltung* Michael Acker

*Satz* Robert Turzer, Tübingen
*Druck und Bindung* Kösel, Altusried-Krugzell
Printed in Germany

F E D C B A

ISBN-13: 978-3-411-72542-7
ISBN-10: 3-411-72542-7